LE
DROIT CIVIL TRANSITOIRE
OU
INTERTEMPORAL

(SA NATURE JURIDIQUE, SA RÈGLE GÉNÉRALE ET SA PLACE DANS LA LÉGISLATION)

PAR

M. POPOVILIEV

DOCTEUR EN DROIT DE L'UNIVERSITÉ DE PARIS
DIPLOMÉ DE L'ÉCOLE DES SCIENCES POLITIQUES
PROFESSEUR ET DOYEN A LA FACULTÉ DE DROIT
DE L'UNIVERSITÉ DE SOFIA

(Extrait de la *Revue trimestrielle de Droit civil*, n° 3, 1908)

LIBRAIRIE
DE LA SOCIÉTÉ DU RECUEIL **J.-B. SIREY** & DU JOURNAL DU PALAIS
Ancienne Maison L. LAROSE & FORCEL
22, rue Soufflot, PARIS, 5e Arrondt
L. LAROSE & L. TENIN, Directeurs

1908

LE

DROIT CIVIL TRANSITOIRE OU INTERTEMPORAL

(Sa nature juridique,

sa règle générale et sa place dans la législation)

I

Nature juridique du droit civil transitoire.

Le droit ne reste pas immobile, il suit l'évolution des idées et le changement des besoins sociaux. Même codifié, il est constamment l'objet de réformes et de modifications. Or tout changement législatif, tout passage d'un ordre juridique à un autre, soulève dans la pratique de nombreuses questions de droit transitoire. Et de pareilles questions peuvent se présenter non seulement dans l'État, mais dans toute société juridique, même dans la communauté des États.

Lorsqu'une loi a abrogé ou modifié une autre loi, on peut distinguer trois catégories de faits juridiques. D'abord, des faits passés sous l'empire de l'ancienne loi et définitivement réglés avant l'entrée en vigueur de la nouvelle loi. Puis, des faits passés depuis l'entrée en vigueur de la nouvelle loi et tombant exclusivement sous le coup de cette loi. Enfin, des faits commencés sous la loi ancienne et terminés sous la loi nouvelle ou accomplis entièrement sous l'empire de la première loi, mais non encore définitivement réglés ou jugés lors de l'entrée en vigueur de la seconde loi. Et si l'on suppose plus d'un changement de législation, on pourra parler de faits commencés sous la première loi et achevés sous la dernière, ou de faits accomplis entièrement sous la première loi ou simplement commencés et terminés, par exemple, sous la seconde loi, mais devant être jugés après l'entrée en vigueur de la loi actuelle. Pour ne pas compliquer nos explications, restons dans l'hypothèse d'un seul changement de législation.

Les faits de la troisième catégorie sont ordinairement appelés transitoires. Il serait, peut-être, plus exact de les nommer *intertemporaux*, puisqu'ils contiennent des éléments ou des moments de temps différents, notamment du temps de l'ancien ordre juridique et du temps du nouvel ordre juridique qui a remplacé le premier. D'ailleurs, le fait intertemporal peut être tel d'une manière absolue ou d'une manière simplement relative. Il est absolument intertemporal lorsque, par ses éléments constitutifs, il se trouve en connexion avec deux ou plusieurs lois à la fois. Dans ce cas il apparaît toujours comme intertemporal, à quelle époque qu'on le juge ou qu'on l'apprécie juridiquement. Au contraire, lorsque le fait se rattache, par ses éléments constitutifs, exclusivement à une seule loi, il ne devient intertemporal que si on le juge sous l'empire d'une nouvelle loi, car c'est alors seulement qu'il entre en rapport avec une seconde loi. Le lien qui s'établit entre le fait et la nouvelle loi, est un pur lien de procédure. Pour savoir donc si un fait est intertemporal, il faut se placer au point de vue de la loi nouvelle ou actuelle. Le fait possède ce caractère, s'il contient au moins un élément du temps d'une loi antérieure.

Précisément parce qu'il est en rapport avec les deux lois, l'ancienne et la nouvelle, le fait intertemporal sort de l'action normale de l'une et de l'autre. Et il peut être législativement réglé de deux manières différentes.

Parfois le législateur détermine directement ses conséquences juridiques, comme si, en abaissant le taux légal des intérêts de

10 à 6 0/0, il établissait spécialement pour les dettes existantes un taux intermédiaire de 8 0/0.

Mais le législateur peut régler le fait intertemporal indirectement, en le soumettant soit exclusivement à la loi ancienne ou à la loi nouvelle, soit aux deux lois à la fois mais à des points de vue différents. On dit alors que le législateur résout un conflit de lois dans le temps, le conflit entre la loi ancienne et la loi nouvelle. Dans l'un et dans l'autre cas les dispositions législatives sont des normes *transitoires*, parce qu'elles supposent le passage ou la transition d'un ordre juridique à un autre. On peut les appeler *intertemporales*, puisque leur objet est le règlement des faits intertemporaux.

Il y a cependant une grande différence entre ces deux catégories de dispositions. Celle qui détermine directement les conséquences juridiques du fait intertemporal, est une norme de droit matériel. Celle, au contraire, qui indique simplement la loi applicable pour le règlement du fait intertemporal, c'est-à-dire pour la détermination de ses conséquences juridiques, est une norme purement abstraite. Quelques auteurs allemands l'appellent norme d'application — *Anwendungsnorm* (1) — puisque, suivant eux, elle se rapporte exclusivement à l'application d'autres normes. Pourtant il est plus exact de dire que cette norme renvoie aux lois en conflit et les adopte pour le règlement du fait intertemporal qui sort de leur action normale. Et comme, en ce faisant, elle résout le conflit des lois, on l'appelle généralement norme de conflit ou de collision, ou norme collisionnelle.

L'expression *conflits de lois* (*collisio legum*), que nous maintenons, faute de meilleure, demande quelques explications. Chacune des lois ordinaires qui se succèdent dans le temps, vise régulièrement les faits purs et simples, ceux qui ne se trouvent en connexion avec aucune autre loi. Les faits intertemporaux sortent de la sphère normale d'action de la loi nouvelle, comme de celle de la loi ancienne. C'est qu'en faisant ces lois, le législateur a en vue les faits de la première catégorie et ne manifeste aucune volonté en ce qui concerne les faits de la seconde catégorie. S'il en est ainsi, il ne peut y avoir entre ces lois aucun conflit, soit positif, soit négatif. Aucune d'elles ne peut

(1) Par ex., Zitelmann, *Internationales Privatrecht*, t. I, 1897-98, p. 39, 196.

tirer de la volonté exprimée par le législateur la prétention de régler ou de ne pas régler les faits intertemporaux. Il y a donc une simple coexistence successive de lois dans le temps, avec cette particularité que ces lois, par exemple la loi actuelle et la loi antérieure, se trouvent en rapport avec les mêmes faits intertemporaux. Restant ainsi en dehors des prévisions des lois ordinaires, ces faits nécessitent une réglementation spéciale. Et le législateur peut la faire soit en déterminant directement leurs conséquences juridiques, soit en renvoyant à l'une des lois avec lesquelles ils sont en connexion. Mais, même en procédant de cette seconde manière pour réglementer les faits intertemporaux, le législateur n'agit pas arbitrairement. Il examine la nature particulière du fait, l'importance de ses liens avec les lois ordinaires, le contenu, le but et les tendances de ces dernières, et choisit celle qui lui convient le mieux. Or précisément parce qu'il y a lieu de faire un choix entre les lois en rapport avec le fait intertemporal pour trouver la loi qui lui convient le mieux et qui doit lui être déclarée applicable, on peut dire que toutes ces lois sont *candidates*, qu'elles possèdent un certain fondement pour régir le fait; on les personnifie ainsi et on leur attribue des prétentions contraires en ce qui concerne le règlement du fait intertemporal, jusqu'à ce qu'on dise qu'elles sont en conflit positif entre elles, expression évidemment figurée. Le législateur tranche ce conflit, en choisissant la loi applicable, dont il élargit ainsi la compétence ordinaire ou normale. Et le juge ne fait pas autre chose, à défaut de normes édictées par le législateur. Car, autrement, les faits intertemporaux resteraient en dehors de toute réglementation juridique; or telle ne peut être l'intention probable et même certaine du législateur qui n'a pas fait de dispositions spéciales pour ces faits, à moins de provoquer l'anarchie et la lutte déréglée entre les hommes dans l'Etat. Le juge ne peut songer qu'aux lois avec lesquelles le fait intertemporal se trouve en rapport et choisir celle qu'il considère comme lui convenant le mieux, c'est-à-dire résoudre le conflit des lois dans le temps.

Les normes intertemporales, collisionnelles et non-collisionnelles, forment-elles toutes un ensemble, un tout homogène, ou ne rentrent-elles pas plutôt dans différentes branches du droit objectif? Quelle est donc la nature juridique de ces normes, leur place dans le système général du droit? Cette question exige quelques notions sur la classification même des normes juridiques; on doit d'abord connaître les différents compartiments du droit objectif, pour pouvoir indiquer la place respective d'une certaine catégorie de normes.

Or, on peut diviser les normes juridiques en normes qui agissent à l'intérieur de l'Etat et constituent son ordre juridique, et normes qui ont force obligatoire en dehors de l'Etat particulier, notamment dans la société des Etats, et forment l'ordre juridique de cette société. Les premières puisent leur source dans la volonté étatique et gouvernent les rapports des personnes, soumises, complètement ou dans une certaine mesure, à l'Etat; c'est le droit de l'Etat ou le droit interne, appelé souvent aussi droit national. Les secondes reçoivent leur force obligatoire de la volonté collective ou générale des Etats dont elles régissent les rapports; c'est le droit des Etats ou le droit des gens, généralement appelé droit international public et qui, au point de vue de l'Etat particulier, est le droit externe. Nous avons ainsi une division générale du droit en droit interne ou de l'Etat et droit externe ou des Etats, qu'on pourrait appeler plus exactement droit interétatique (1).

Une autre division générale du droit peut être faite suivant la manière, directe ou indirecte, dont les normes juridiques régissent les faits et rapports. Nous faisons allusion à la distinction du droit collisionnel et du droit non-collisionnel.

Rappelons, en troisième lieu, comme division possible du

(1) Cette dénomination est employée par quelques professeurs russes (en russe : *mejdougossoudarsvennoé pravo*), comme Nésabitovski, *Théorie des publicistes sur la possession interétatique*, 1860, et Rennenkampf, *Encyclopédie du droit*, 1868. V. Kasanski, *Introduction au cours du droit international*, 1901, p. 60 et note de Hrabar, dans la traduction russe de Liszt, *Droit international*, 1902, p. 2, n. 2. — M. Jellinek propose en allemand la même dénomination (*zwischenstaatliches Recht*), *Allgemeine Statslehre*, 2ᵉ éd., 1905, p. 129. — Quelques auteurs italiens parlent de *rapporti interstatuali* (rapports entre États), d'*ordinamento giuridico interstatuale* (ordre juridique interétatique), ce qui amènera probablement au *diritto interstatuale*. V. par exemple, Anzilotti, *Teoria generale della responsabilità dello stato nel diritto internazionale*, 1902, p. 48, etc.; Diena, *Se e in quale misura il diritto interno possa portare limitazioni alle obbligazioni internazionali degli stati*, 1901, p. 5. — En anglais on met en avant l'expression *interstate law;* v. Rivier, *Principes du droit des gens*, t. I, 1896, p. 4, et Leseur, *Introduction à un cours de droit international public*, 1893, p. 12, n. 1. V. cependant, Meili, *Das internationale Civil- und Handelsrecht*, t. I, 1902, p. 54 et suiv. — J'emploie en bulgare le mot : *mejdouderjavno pravo*.

droit en général celle qui consisterait à partager les normes juridiques, suivant la nature, intertemporale ou non, du fait régi, en droit intertemporal (1) et droit non intertemporal ou unitemporal, s'il nous est permis de nous exprimer ainsi.

Enfin, la majorité des auteurs voit une division générale du droit dans la distinction classique du droit public et droit privé. Cette opinion domine sans conteste en France et en Italie; elle est prépondérante aussi en Allemagne. Cependant elle nous paraît inadmissible. La distinction dont il s'agit n'a de sens que dans une société politiquement organisée comme l'Etat. Car c'est là seulement qu'il y a des individus-membres et un pouvoir supérieur représentant le tout, et qu'on peut parler d'intérêts privés et d'intérêts publics ou généraux. Dans l'Etat nous distinguons, d'une part, des rapports entre particuliers qui sont des rapports entre personnes co-subordonnées, et, d'autre part, des rapports des particuliers avec l'Etat, ou avec une autorité émanant de lui, qui sont des rapports entre un subordonné et l'unité, pourvue d'*imperium*. Une pareille distinction est inconcevable pour la communauté des Etats, qui, selon l'expression de Jellinek, est une société de nature anarchique (2), dont les membres sont des Etats coordonnés et indépendants l'un de l'autre. Or, du moment qu'il n'y a pas de parties et un tout, d'individus particuliers et un pouvoir supérieur, il ne peut être question de rapports privés et rapports publics, de droit privé et droit public.

Entre les trois autres divisions générales possibles, la préférence appartient, sans doute, à la première. Celle-ci repose, en effet, sur un critère autrement important, la manière dont les

(1) C'est le professeur Affolter, de l'Université de Heidelberg, qui a inventé la dénomination de droit intertemporal, *Intertemporales Recht*. Il s'en est servi d'abord dans ses leçons à partir de 1897 et puis dans un grand ouvrage sur cette matière, publié en 1902 : *Das intertemporale Recht, das Recht der zeitlich verschiedenen Rechtsordnungen*. Nous l'avons adoptée dans nos cours à l'Université de Sofia; nous nous en sommes servi aussi dans un rapport, présenté au Congrès des juristes bulgares en 1905, et dans d'autres écrits. Elle nous paraît pleinement satisfaisante, — un peu longue et mal sonnante, sans doute, mais exacte et correspondante au mot « international » dans les expressions : *droit privé international*, *droit pénal international*, etc. Les auteurs se servent ordinairement de l'appellation droit transitoire, que quelques-uns emploient aussi dans le sens de droit temporaire ou provisoire. Par exemple : Tagantzev, *Leçons de droit pénal russe*, Partie générale, 1er Fasc., 1887, n° 115, p. 133; Crome, *System des deutschen bürgelichen Rechts*, t. I, 1906, p. 111.

(2) Jellinek, *op. cit.*, p. 368.

faits sont réglementés ou leur connexion avec un ordre juridique antérieur étant quelque chose de secondaire en comparaison du genre des relations, objet des normes, et des sources de ces dernières. La division fondamentale du droit, le premier embranchement dans le système juridique, est donc la division en droit interne et droit externe ou droit des gens.

Par conséquent, les normes intertemporales qui ont pour objet les faits intertemporaux dont naissent des rapports juridiques entre Etats, c'est-à-dire des rapports de droit des gens, rentrent dans le droit externe et forment, dans leur ensemble, le droit des gens transitoire ou intertemporal. Les autres normes intertemporales font partie du droit interne. C'est dire que toutes les normes intertemporales ne constituent pas une unité, un tout homogène.

Voyons maintenant quelles divisions peuvent être faites dans le droit de l'Etat. Nous en connaissons déjà trois : la division en droit public et droit privé, celle en droit collisionnel et droit non-collisionnel et celle en droit intertemporal et droit unitemporal. On peut y ajouter une quatrième, qui correspond à la division possible des faits juridiques en nationaux et internationaux suivant leur connexion avec l'Etat local ou l'étranger. Nous voulons dire la division en droit national et droit international. Laquelle de ces diverses subdivisions du droit interne doit-elle avoir la préférence? La réponse ne fait pas de doute : c'est la première. Elle repose sur la nature même des rapports juridiques, qui dépend, comme nous allons le voir, de la qualité et de la position des sujets et, par conséquent, du caractère des intérêts en jeu. Le droit interne se subdivise donc en deux : droit public et droit privé.

Le sujet ou la personne peut être public ou privé. Toute personne qui possède l'*imperium* soit d'une manière primitive comme l'Etat, soit d'une manière dérivée comme la commune, est publique. Personne privée est le simple particulier ou la collectivité qui n'exerce aucun *imperium*. Mais cette distinction n'est pas suffisante, attendu que les personnes publiques peuvent agir aussi en une qualité privée, c'est-à-dire comme les individus. Il est donc nécessaire de tenir également compte de la position qu'occupe le sujet dans le rapport de droit. De sorte que le rapport juridique public est celui dans lequel figure au moins une personne publique comme telle, c'est-à-dire comme pourvue d'*imperium*. Les autres rapports de droit sont privés.

Le droit public a pour objet les rapports publics, le droit privé les rapports privés (1).

Dans chacune de ces parties, la tradition fait de nouvelles distinctions. C'est ainsi qu'elle subdivise le droit public en cinq branches principales : droit constitutionnel, droit administratif, droit pénal, droit de procédure civile et droit de procédure pénale ; et le droit privé en deux branches principales : droit civil et droit commercial.

Où devons-nous ranger les normes intertemporales ? Les mettre dans une seule branche ou les partager entre les différentes branches du droit interne ?

La question ne fait pas de difficulté, lorsqu'il s'agit des normes intertemporales non collisionnelles, celles qui déterminent directement les conséquences juridiques des faits intertemporaux. Leur nature juridique dépend, évidemment, de la nature des faits intertemporaux qu'elles régissent, c'est-à-dire de la nature des rapports juridiques qui naissent de ces faits. Ainsi la norme intertemporale qui réglemente matériellement un fait intertemporal de droit civil, est elle-même du droit civil. Mais les normes intertemporales de cette catégorie, celles notamment qui déterminent, sans le secours d'autres normes, les conséquences juridiques des faits intertemporaux, sont rares. L'immense majorité des normes intertemporales sont des normes de conflit et ne régissent qu'indirectements les faits intertemporaux. Quelle est donc leur nature ? C'est ici que commence la difficulté.

Peu d'auteurs se sont occupés de cette question purement théorique et ceux qui l'ont fait reconnaissent aux normes intertemporales collisionnelles du droit interne un caractère du droit public. C'est Reinhold Schmid qui le premier a exprimé cette manière de voir, soutenue depuis par Hofmann en Autriche et par Niedner en Allemagne (2). Affolter considère l'ensemble des normes de conflit intertemporales du droit interne comme un tout homogène, le droit intertemporal faisant partie de droit public comme le droit international (droit international privé,

(1) V. en ce sens, Jellinek, *op. cit.*, p. 371 et suiv.; Hauriou, *Précis de droit administratif*, p. 1 ; Salmond, *Jurisprudence or the theory of the law*, 1902, p. 484 ; Sternberg, *Allgemeine Rechtslehre*, II, 1904, p. 23-24 ; Combothecra, *Critère distinctif du droit privé et du droit public*, dans la *Revue générale du droit*, XXIX, 1905, p. 123. — Cpr. Vanni, *Lezioni di filosofia del diritto*, 1904, p. 98-99 ; Filomusi Guelfi, *Enciclopedia giuridica*, I, 5e éd., 1905, p. 154 et suiv.

(2) Niedner, *Das Einführungsgesetz*, 2e éd., 1901, p. 295.

pénal, etc.). Il admet même que ces deux rameaux : le droit intertemporal et le droit international, forment à leur tour un tout : le droit des ordres juridiques — *Recht der Rechtsordnungen* — ou, suivant la traduction de Cavaglieri, le droit des droits (1). Selon le professeur de Heidelberg, le droit intertemporal détermine l'étendue de domination des lois, c'est-à-dire de la volonté durable de corps publics, et s'adresse avant tout au législateur et puis au juge. En tant qu'il oblige le législateur, il ressemble, dit le même auteur, au droit constitutionnel, mais il s'en distingue parce qu'il donne une certaine direction au contenu des lois, tandis que le droit constitutionnel se borne à prescrire au législateur la forme extérieure d'action, la manière de la confection des lois, et n'exerce aucune influence sur ses plans et ses pensées législatives. En tant que le droit intertemporal lie le juge, il ressemble, aux yeux du jurisconsulte allemand, au droit de procédure; cependant il s'en distingue également; il indique la loi applicable, tandis que le droit de procédure a pour objet de prescrire au juge la forme de ses actions, la manière de procéder. Les deux rameaux du droit des droits occupent ensemble une place spéciale dans le droit public avec pleine autonomie à l'égard des autres branches de ce droit. C'est donc une espèce particulière de droit public (2), un droit public *sui generis*.

Cette opinion nous paraît inacceptable. Abstraction faite des dispositions insérées dans la Constitution, il est évident que la plupart des normes intertemporales obligent d'abord les individus et ensuite le juge. Celui-ci est tenu d'appliquer toutes les lois de l'Etat, y compris les normes intertemporales, lesquelles ne lui imposent aucune obligation spéciale. Or du moment que ces normes ne s'adressent exclusivement ni au législateur, ni directement au juge, elles ne font pas nécessairement partie du droit public de l'Etat.

Pour trouver la nature juridique de la norme intertemporale, il faut soumettre cette dernière à une analyse plus approfondie.

(1) Cavaglieri, *Diritto internazionale privato e diritto transitorio*, 1904, p. 50.

(2) Affolter, *Geschichte des intertemporalen Privatrechts*, 1902, p. 13, *System des deutschen bürgelichen Uebergangsrechts*, 1903, p. 3, *Das intertemporale und internationale Recht der zeitlichen und œrtlichen Collisionsnormen des bürgerlichen Rechts*, dans la *Zeitschrift für Privat-und œffentliches Recht*, 1903, p. 123, 130.

La norme de conflit ne régit pas directement les faits qu'elle a pour objet. C'est une norme de réception : elle renvoie à d'autres normes qu'elle adopte pour le règlement des faits intertemporaux qui constituent son domaine propre. Le renvoi et l'adoption sont les deux côtés d'une seule et même chose : la proclamation qu'un droit est applicable à des cas qui ne rentraient pas jusqu'alors dans son champ d'action. La norme de conflit renvoie les cas qu'elle a pour objet à une norme ordinaire, régulièrement non applicable à ces cas, ou plutôt y renvoie le juge saisi du litige. En d'autres termes, elle adopte cette norme pour les cas qui forment son domaine propre et qui attendent d'elle leur règlement juridique. Suivant une métaphore formulée par Kahn dans le droit privé international (1), les normes de conflit forment les cadres du tableau, et le droit matériel qu'elles adoptent le tableau lui-même. En matière intertemporale, le droit matériel adopté est tantôt la loi ancienne, tantôt la loi nouvelle, ou les deux à la fois, chacune dans une certaine mesure.

Comme on le voit, la norme de conflit n'est pas une norme autonome, car elle suppose d'autres normes, celles du droit ordinaire. Nous appelons normes autonomes les ordres et les défenses ou prohibitions qui rattachent aux faits certaines conséquences consistant dans la naissance, la modification ou l'extinction de rapports juridiques, c'est-à-dire de droits subjectifs et de devoirs. Ce sont les seules qui répondent directement au but du droit, de régler la conduite réciproque des hommes dans la société : car, en vertu des ordres et des prohibitions, naissent, dans les cas où les faits prévus viennent à s'accomplir et comme conséquences de ces faits, des devoirs à la charge de certains hommes et des droits correspondants à ces devoirs au profit d'autres hommes, ce qui est précisément régler la conduite des uns à l'égard des autres. Les normes qui ne sont pas autonomes, considérées en elles-mêmes, n'ont aucun sens. Elles acquièrent une signification et servent alors au but général du droit, lorsqu'elles rentrent en rapport avec d'autres normes dont l'une au moins doit être autonome (2). Ces normes ont souvent pour objet certains moments ou éléments des faits et rapports juridi-

(1) Kahn, *Ueber Inhalt, Natur und Methode des internationalen Privatrechts*, dans *Iherings Iahrbücher*, XL, 1899, p. 53-54.

(2) V. Bierling, *Juristische Principienlehre*, t. I, 1894, p. 71 et suiv., 87 et suiv.

ques prévus par les autres normes ou se rapportent à l'effet, l'application, l'abrogation ou l'adoption des autres normes. En principe, leur nature juridique est la mêmes que celle des normes autonomes grâce auxquelles elles contribuent au but général du droit. Il en est, toutefois, autrement des normes de renvoi ou de réception qui peuvent adopter le contenu de certaines normes autonomes pour des rapports d'un genre tout différent. C'est pourquoi elles n'ont pas nécessairement la même nature que les normes autonomes et, loin d'être à leur égard un simple accessoire, c'est elles, au contraire, qui jouent le rôle principal.

A première vue il semblerait très naturel de considérer les normes de conflit comme faisant partie intégrante de celles qu'elles adoptent. On pourrait dire en effet qu'elles déterminent purement et simplement l'effet ou l'étendue d'application de ces dernières au point de vue du temps et complètent ainsi leurs hypothèses. Quand la loi dispose, par exemple, que la vente d'un immeuble par acte sous seing privé est valable et transfère la propriété, on peut se demander de quelles ventes il s'agit; est-ce uniquement de celles faites depuis l'entrée en vigueur de cette loi ou aussi des ventes antérieures? La norme de conflit répond précisément à cette question, et, si pour les ventes antérieures, elle déclare la loi actuelle applicable, elle complètera ainsi son hypothèse en ce sens que la loi visera alors toutes les ventes sans distinction, même celles faites auparavant. Par conséquent, si l'hypothèse de la loi contenait déjà une indication suffisante à cet égard, la norme de conflit serait tout à fait superflue. C'est ce qui prouverait qu'elle est un accessoire, une partie intégrante de la loi à laquelle elle renvoie.

Pourtant rien n'est plus inexact qu'une telle manière de voir. La norme intertemporale collisionnelle n'a pas pour but de délimiter le champ d'action de la loi dans le temps. Elle se distingue complètement de la norme qui indique le moment de l'entrée en vigueur de la loi et celui de son abrogation, et qui, de l'avis de tous, fait partie intégrante de la loi elle-même. Nous allons voir que cette règle sur la force obligatoire de la loi ne doit pas être entendue d'une manière absolue, mais en ce sens seulement que la loi régit seuls les faits qui sont nés et qui ont produit leurs conséquences dans la période pendant laquelle elle a été en vigueur. Chaque loi suppose une norme qui détermine son domaine normal, et même plusieurs normes pareilles qui délimitent son champ d'action à différents points de vue. La norme sur la force obligatoire de la loi dans le temps détermine l'objet de cette loi dans son rapport avec le temps, c'est-à-dire les faits, considérés au point de vue du temps, que la loi régit normalement. La norme sur la force obligatoire de la loi au point de vue du territoire, comme on dit ordinairement, détermine l'objet de la loi dans son rapport avec l'État local, autrement dit les faits, considérés dans leur lien avec le pays, que la loi régit régulièrement et qui constituent son domaine normal. Comme nous le verrons, cette norme signifie simplement que la loi locale s'applique normalement aux faits nationaux, à ceux qui ne contiennent aucun élément étranger. Veut-on définir une branche du droit, le droit commercial ou le droit pénal, par exemple, il faudra indiquer les faits qui par leur nature forment le domaine normal de cette branche, et on dira par exemple que le droit commercial est l'ensemble des normes qui règlent les actes de commerce, ou que le droit pénal est l'ensemble des normes qui gouvernent les infractions ou faits punissables. Il est hors de doute que toutes ces règles — la règle sur la force obligatoire de la loi au point de vue du temps ou du territoire, ou la règle qui indique l'objet de la loi dans sa nature ou son genre, — font partie intégrante de la loi avec laquelle elles forment un tout indivisible, leur but unique étant de compléter l'hypothèse de la loi et de donner à cette dernière un sens concret.

La norme intertemporale collisionnelle poursuit un but tout autre. Elle vise des faits intertemporaux qui ne tombent ni dans le domaine normal de la loi actuelle, ni dans celui de la loi antérieure, puisqu'ils sont en rapport avec les deux lois à la fois. En déclarant applicable au fait intertemporal une de ces lois, elle élargit sa sphère d'action et donne en même temps une solution au conflit supposé entre elles. Son rôle est donc autrement important, et certainement prépondérant. Au lieu d'être partie intégrante de la loi actuelle ou antérieure, c'est elle, au contraire, qui l'attire et l'absorbe pour le cas de l'adoption. C'est pourquoi sa nature juridique ne se trouve pas nécessairement dans une dépendance absolue de celle de la loi adoptée. Et ce qui vient d'être dit est vrai, en principe, pour toutes les normes de conflit. La norme de droit privé international, par exemple, qu'elle renvoie à la loi étrangère ou à la loi locale, rend toujours la loi qu'elle adopte applicable à des faits qui sortent de sa compétence ordinaire, les faits internationaux n'étant normalement soumis ni à l'une ni à l'autre des lois en conflit. Il en est de même de la norme qui soumet à la loi commerciale les actes mixtes, c'est-à-dire à la fois commerciaux et civils (1).

Pour résoudre notre question, on doit recourir au critère fondamental de la division du droit interne, le caractère des rapports juridiques. La norme de conflit intertemporale a la même nature que les rapports de droit qu'engendrent les faits intertemporaux auxquels elle se rapporte. Celles, par exemple, qui régissent, bien qu'indirectement, des faits intertemporaux donnant naissance à des rapports juridiques civils, rentrent dans le droit privé, notamment dans le droit civil. Pour la même raison, les normes intertemporales collisionnelles qui gouvernent les infractions intertemporales d'où naissent des rapports juridiques criminels, c'est-à-dire publics, font partie du droit public, notamment du droit pénal, etc. Par conséquent, les normes de conflit intertemporales se partagent entre les différentes branches du droit interne d'après la nature des rapports juridiques qu'engendrent les faits intertemporaux, tout comme les normes intertemporales non collisionnelles. D'autre part, comme les lois nouvelle et ancienne, au moyen desquelles la norme de conflit régit le fait intertemporal, ont pour objet des faits ordinaires, c'est-à-dire non intertemporaux, correspondants, il s'ensuit que la norme collisionnelle et les lois en conflit possèdent la même nature juridique. Notons-le bien cependant, ce n'est pas parce que celle-là fait partie intégrante de celles-ci, mais simplement pour cette raison que leurs objets, les faits qu'elles régissent, sont de même nature. C'est ce qui nous permet de dire que les normes intertemporales collisionnelles ont la même nature juridique que les lois dont elles résolvent le conflit.

Si les normes intertemporales collisionnelles et non collisionnelles qui se rapportent à une même catégorie de faits intertemporaux ont la même nature, il n'y a pas de raison de ne pas les réunir ensemble et les appeler du même nom. Ainsi les normes qui se rapportent aux faits civils intertemporaux formeront ensemble le droit civil intertemporal; celles qui s'occupent des infractions intertemporales constitueront le droit pénal intertemporal, etc. Arrêtons-nous au *droit civil inter-*

(1) V. art. 54, C. comm. italien; § 345, *Handelsgesetzbuch* allemand; art. 286, C. comm. bulgare.

temporal, qui seul nous intéresse. Il peut être défini comme l'ensemble des normes qui régissent les faits intertemporaux engendrant des rapports juridiques civils, c'est-à-dire, plus simplement, les faits civils intertemporaux. Le droit civil intertemporal se subdivise en *collisionnel* et *non collisionnel* ou *matériel,* suivant la manière dont il remplit sa fonction. Ce dernier régit les faits civils intertemporaux directement; en d'autres termes il indique lui-même les conséquences juridiques des faits intertemporaux auxquels il se rapporte. Le premier, le seul dont les auteurs s'occupent, est l'ensemble des normes qui règlent les faits civils intertemporaux en résolvant le conflit de lois qui naît à l'occasion de ces faits. Dans cette définition nous mettons en premier lieu le but, l'objet essentiel des normes qui le composent et en second lieu seulement la solution du conflit, simple moyen d'arriver au règlement des faits intertemporaux. C'est ce qui la distingue de celle qu'on donne généralement d'un droit collisionnel quelconque, intertemporal ou international, en perdant complètement de vue le but essentiel des normes même collisionnelles, leur fonction principale. Le droit privé international n'a pas pour objet de résoudre le conflit des lois privées d'États différents, mais se sert de ce moyen pour régler les rapports civils internationaux.

Quelle est la place du droit civil intertemporal dans le droit civil? Comme branche du droit interne, le droit civil est formé de différentes espèces de normes. Pour en faire un classement, nous devons revenir aux bases de distinction, déjà indiquées, dont nous ne nous sommes pas encore servi, et faire un choix entre elles, s'il est possible. Il s'agit du lien entre le fait juridique et le pays ou l'étranger, du lien entre le fait et l'ordre juridique actuel ou antérieur, et enfin de la manière, directe ou indirecte, dont la norme régit le fait. Or il est évident qu'entre la manière dont le fait est régi et la nature du fait, c'est-à-dire l'existence ou la non-existence d'une certaine connexion entre le fait et une loi étrangère ou antérieure, c'est la nature du fait, objet de la norme de droit, qui caractérise davantage cette dernière. Mais il nous semble impossible d'établir un certain rang entre le lien du fait avec le pays ou l'étranger et son lien avec le présent ou le passé. C'est pourquoi il faut diviser les normes qui forment une branche du droit interne, le droit civil, par exemple, qui nous occupe, selon que les faits régis ont ou n'ont pas de connexion avec un autre ordre juridique que l'actuel et le national, soit avec un ordre juridique antérieur, soit avec l'ordre juridique d'un État étranger. En suivant ce mode de distinction, nous aurons dans la branche du droit civil, d'une part, le droit civil ordinaire ou sans épithète, — on l'appelle le plus souvent droit civil matériel, — ayant pour objet les faits qui ne contiennent aucun élément étranger ou antérieur, et, d'autre part, le droit civil qui régit non les faits civils purs et simples, mais ceux qualifiés, c'est-à-dire liés par un certain côté soit à une loi étrangère, soit à une loi antérieure, soit à l'une et à l'autre. Les faits civils qualifiés, ce sont les faits civils internationaux, les faits civils intertemporaux et les faits civils à la fois internationaux et intertemporaux. Le droit civil spécial dont nous parlons, se subdivise donc en droit civil international, droit civil intertemporal et droit civil mixte ou international et intertemporal à la fois.

Arrêtons-nous un instant à ce droit civil mixte. Les faits civils à la fois internationaux et intertemporaux nous rappellent les actes qui, civils pour l'une des parties, sont commerciaux pour l'autre; la règle qui les régit soit directement, soit en renvoyant par exemple à la loi commerciale, ne fait partie ni du droit civil, ni du droit commercial, mais forme un droit privé mixte. Il en est de même du droit civil spécial qui est à la fois international et intertemporal. Néanmoins, il existe certaines considérations qui nous permettrons ici de faire une distinction et de partager ce droit civil mixte en droit intertemporal international et droit civil international intertemporal.

Pour ne pas compliquer nos explications, ayons en vue surtout le conflit de lois. Quand le fait juridique civil est international et intertemporal au point de vue des lois ordinaires ou matérielles, c'est-à-dire quand il est, par exemple, en rapport avec la loi matérielle actuelle et la loi matérielle antérieure du pays et avec une loi étrangère, la norme du droit civil international ne suffit plus. Elle décide simplement s'il faut préférer la loi matérielle locale ou la loi étrangère. Mais ici on a deux lois matérielles locales, la loi actuelle et la loi antérieure, et il faudra, pour savoir laquelle sera applicable, recourir au droit civil intertemporal. Mais à quel droit civil intertemporal, du pays ou de l'étranger? Il faut donc une nouvelle norme internationale qui réponde à cette question, c'est-à-dire qui résolve le conflit entre les normes intertemporales des deux États. Les normes de cette catégorie formeront le droit civil intertemporal international (1).

Un fait civil, international au point de vue des lois matérielles, c'est-à-dire en rapport avec la loi matérielle locale et la loi marielle d'un pays étranger, peut être intertemporal au point de vue des normes internationales du pays. Il suffit de supposer qu'il y a eu un changement dans le droit civil international du pays et que le fait civil international se trouve en rapport avec les normes internationales anciennes et nouvelles. Pour trouver la loi applicable, il est absolument nécessaire de déterminer tout d'abord, quelles normes internationales doivent être suivies, les anciennes ou les nouvelles? Cette question ne peut être résolue que d'une norme intertemporale qui tranchera le conflit entre les dispositions nouvelles et anciennes du droit civil international du pays. Les normes de cette catégorie constitueront le droit civil international intertemporal (2).

Nous avons indiqué jusqu'à présent quatre rameaux du droit civil spécial. Mais cette énumération n'est pas complète. Il ne faut pas oublier qu'il y a des faits juridiques doublement internationaux ou doublement intertemporaux, ce qui nous oblige à distinguer encore un droit civil international international et un droit civil intertemporal intertemporal.

Si nous supposons un changement dans le droit civil intertemporal, il est possible qu'un fait qui est déjà intertemporal au point de vue des lois matérielles, le soit également au point de vue des normes du droit intertemporal, parce qu'il est en connexion non seulement avec l'ancienne norme intertemporale, mais aussi avec la nouvelle qui l'a remplacée. Ces deux normes

(1) Affolter parle de *ein internationales Recht der zeitlichen Collisionsnormen des bürgerlichen Rechts oder ein internationales Recht der intertemporalen Privatrechtsnormen*, dans *Zeitschrift für Privat-und œffentliches Recht der Gegenwart*, XXX, 1903, p. 134, 146 et suiv.

(2) *Ein intertemporales Recht der oertlichen Collisionsnormen des bürgerlichen Rechts*, dit Affolter, *oder ein intertemporales Recht der internationalen Privatrechts ordnungen*, dans la même *Zeitschrift*, p. 134, 141 et suiv. — Ce droit est très important. V. Olivi, *De la rétroactivité des règles juridiques en droit international*, dans la *Revue de droit international*, t. XXIV, 1892, p. 553 et suiv.; Diena, *De la rétroactivité des dispositions législatives en droit international privé*, dans le *Journal* de Clunet, t. XXVII, 1900, p. 925 et suiv.; Kahn, *Das zeitliche Anwendungsgebiet des örtlichen Kollisionsnormen*, dans *Iherings Iahrbücher*, t. XLIII, 1901, p. 299 et suiv.; Cavaglieri, *op. cit.* V. *Il diritto internazionale nel tempo*, p. 91 et suiv.

intertemporales sont ainsi en conflit, et il faut une norme intertemporale supérieure qui résolve ce conflit et indique si c'est l'ancienne ou la nouvelle norme du droit civil intertemporal qui devra être appliquée. Les normes de cette nouvelle catégorie forment le droit civil intertemporal intertemporal (1).

On parle beaucoup, en théorie et en pratique, de conflit entre les normes de droit privé international de différents États. Supposons qu'en ce qui concerne un certain fait international, les normes de droit international de l'un des États intéressés déclarent applicable la *lex domicilii*, tandis que les normes de droit international de l'autre État admettent la *lex originis*. On peut se demander alors laquelle de ces lois devra être appliquée, c'est-à-dire d'après quel droit international le juge devra déterminer la loi matérielle applicable. Cette question ne peut être résolue que d'une norme internationale supérieure, qui tranchera le conflit entre les normes internationales des deux États. Ceux qui admettent ce conflit, doivent considérer le fait comme doublement international, d'abord au point de vue des normes de droit civil international des deux États, puis au point de vue de leurs lois matérielles. Les normes qui résolvent le conflit des normes du droit civil international des divers États, forment le droit civil international international (2). Nous sommes contre la théorie du renvoi, mais elle peut être admise par le législateur, et il y a lieu alors à un droit international. De plus, un pareil droit résout non seulement le conflit des normes internationales collisionnelles, mais aussi celui des normes internationales non-collisionnelles. Nous ne pouvons pas entrer dans des détails à ce propos, sans sortir des limites de notre sujet.

Voici maintenant les distinctions que nous venons de faire dans le domaine du droit civil.

Droit *civil* : 1° Droit civil *ordinaire*, matériel ou sans épithète;
2° Droit civil *spécial* :
1. Droit civil *intertemporal* :
1° Droit civil intertemporal *simple* ou droit civil *intertemporal* sens étroit;

(1) *Ein intertemporales Recht der zeitlichen Collisionsnormen des bürgerlichen Rechts*, selon Affolter, *oder ein intertemporales Recht der intertemporalen Privatrechtsnormen. Zeitschrift*, p. 134, 138 et suiv.

(2) *Ein internationales Recht der oertlichen Kollisionsnormen des bürgerlichen Rechts oder ein internationales Recht der internationalen Privatrechtsnormen*. V. *Zeitschrift*, p. 134, 162 et suiv.

2° Droit civil *doublement* intertemporal ou droit civil *intertemporal intertemporal.*

2. Droit civil *international :*

1° Droit civil international *simple* ou droit civil *international* sens étroit;

2° Droit civil *doublement* international ou droit civil *international international.*

3. Droit civil *mixte :*

1° Droit civil *international intertemporal;*

2° Droit civil *intertemporal international.*

Le droit civil ordinaire ou matériel, le droit civil pur et simple ou sans épithète, mais au sens étroit, c'est le droit commun ou général que le législateur établit, en statuant *de eo quod plerumque fit.* Son opposé, le droit civil spécial, régit les faits civils qualifiés, ceux qui présentent une certaine particularité, consistant dans la présence d'éléments qui rattachent le fait aussi à un autre ordre juridique que l'ordre juridique ordinaire, c'est-à-dire actuel et national. Cet autre ordre juridique ou loi est, dans le droit civil intertemporal, une loi antérieure et, dans le droit civil international, une loi étrangère.

Le droit civil intertemporal au sens large s'oppose, d'abord au droit civil sans épithète, en tant que celui ci est un droit ordinaire et purement unitemporal, c'est-à-dire en tant qu'il a pour objet des faits qui ne sont en connexion qu'avec le présent et l'État local et ne possèdent, par conséquent, aucun élément antérieur. Il s'oppose ensuite au droit civil mixte, qui régit les faits civils à la fois intertemporaux et internationaux. Avec le droit civil international, ce sont les deux rameaux les plus importants du droit civil spécial, qui se distinguent entre eux par la nature toute différente de leur objet : il régit les faits civils intertemporaux, tandis que celui-ci se rapporte aux faits civils internationaux. Enfin dans ce droit lui-même, le droit civil intertemporal proprement dit qui s'occupe des faits intertemporaux seulement au point de vue des lois civiles ordinaires ou matérielles, s'oppose au droit civil intertemporal intertemporal, qui concerne les faits doublement intertemporaux.

De son côté, le droit civil international, *lato sensu*, s'oppose, d'abord au droit civil sans épithète comme à un droit ordinaire et exclusivement national régissant des faits qui ne sont en connexion avec aucun autre ordre juridique que l'actuel et le national et ne contiennent, par conséquent, pas d'éléments étrangers. En second lieu, il s'oppose au droit civil mixte ayant pour objet les faits civils internationaux en même temps qu'intertemporaux. Il se distingue du droit civil intertemporal comme il a été dit cidessus. Enfin, dans son propre domaine, le droit civil international *stricto sensu* s'oppose au droit civil doublement international.

Quant au droit civil mixte, il est évident qu'il s'oppose, d'une part, au droit civil exclusivement intertemporal ou exclusivement international, et, d'autre part, au droit civil sans épithète ou ordinaire.

En résumé, la branche du droit civil — droit civil *lato sensu* — se subdivise donc en quatre rameaux : le droit civil *stricto sensu*, le droit civil intertemporal, le droit civil international et le droit civil mixte ou intertemporal et international à la fois. Ajoutons que chacun des trois derniers rameaux qui forment le droit civil spécial, peut à son tour être subdivisé en non-collisionnel ou matériel et collisionnel, suivant la manière, directe ou indirecte, dont les normes qui le composent régissent les faits juridiques.

Les distinctions qui viennent d'être faites dans le droit civil peuvent être reproduites dans toutes les branches du droit interne, privé et public. C'est ainsi qu'on peut parler d'un droit commercial sans épithète ou ordinaire et d'un droit commercial spécial, intertemporal, international et mixte, — d'un droit pénal sans épithète et d'un droit pénal spécial, intertemporal, international et mixte, — etc.

II

Règle fondamentale du droit civil transitoire.

La règle générale du droit civil intertemporal est une règle sur le conflit des lois. Elle est la même pour tous les droits intertemporaux collisionnels, et provient d'origine romaine (1). Ins-

(1) L. 65, C., *de decurion.*, *in fine* : *quum conveniat leges futuris regulas*

crite dans le Code civil français et reproduite dans les autres législations, elle est formulée de deux manières différentes. D'une manière objective, c'est-à-dire au point de vue de l'effet de la loi, comme le fait le Code civil, art. 2, ainsi conçu : « la loi ne dispose que pour l'avenir; elle n'a point d'effet rétroactif » (1). Ou d'une manière subjective, c'est-à-dire au point de vue des conséquences de la loi à l'égard des sujets dont elle règle les rapports. La règle dit alors que la loi n'a aucune influence sur les droits acquis. C'est ce que dispose, par exemple, le Code civil autrichien (2). Ces deux manières de comprendre notre règle dominent non seulement dans les législations des divers pays et, par conséquent dans la jurisprudence, mais aussi dans la science juridique, où l'on trouve plusieurs systèmes de l'un et de l'autre modèle.

I. — Dans la doctrine subjective, tout se ramène à la définition du droit acquis qui a mis à l'épreuve les maîtres les plus autorisés. On pourrait considérer comme droit acquis celui qui nous appartient d'une manière définitive et ne peut plus nous être ravi. Le caractère distinctif du droit acquis serait alors le lien entre le droit et le sujet du droit. Mais il serait tout aussi naturel d'entendre par droit acquis le droit appartenant à une personne déterminée par opposition à la faculté juridique que le droit objectif reconnaît à toute personne ou à une classe de personnes. C'est le contenu de la prérogative qui servirait alors de base à la distinction. Enfin, si quelqu'un a accompli un acte pour acquérir un droit, le législateur ne devrait-il pas respecter le droit ainsi acquis? Le droit acquis serait alors caractérisé par la manière dont il aurait été acquis, et le principal rôle

imponere, non præteritis calumnias excitare (Anastase); L. 3., C., *de constitut., princ. : omnia constituta non præteritis calumniam faciunt, sed futuris regulam imponunt* (Théodose); L. 7, C., *de legib.* : *leges et constitutiones futuris certum est dare formam negotiis, non ad facta præterita revocari, nisi nominatim et de præterito tempore et de adhuc pendentibus negotiis cautum sit* (Justinien). — V., pour le droit romain, Gabba, *Teoria della retroattività delle leggi*, 3e éd., t. I, 1891, p. 46 et suiv.; Affolter, *Geschichte des intertemporalen Privatrechts*, 1902, p. 19 et suiv.

(1) Même formule dans l'art. 2 des dispositions préliminaires du Code civil italien : *La legge non dispone che per l'avvenire : essa non ha effetto retroattivo.*

(2) A proprement parler, la formule du Code autrichien est mixte. Le § 5 est ainsi conçu : *Gesetze wirken nicht zurück; sie haben daher auf vorhergegangene Handlungen und auf vorhererworbene Rechte keinen Einfluss.*

appartiendrait au fait, générateur du droit. Toutes ces considérations ont servi à autant de systèmes théoriques, dont chacun a sa propre histoire. Nous indiquerons brièvement leurs principaux représentants, en mettant en relief tout particulièrement la tendance générale de leur évolution, qui consiste dans l'élargissement continuel de la notion du droit acquis et, respectivement, dans la limitation de l'effet de la loi quant au passé.

1. — L'idée du lien entre le droit et le sujet est française. Son auteur est le célèbre jurisconsulte Merlin (1). Mais c'est Blondeau (2) qui lui a donné une formule claire, acceptée ensuite par la doctrine et la jurisprudence. Le droit acquis, c'est l'avantage qui ne peut nous être ravi ni par celui de qui nous le tenons ni par un tiers (3). Il est irrévocable, bien qu'il puisse être à terme ou conditionnel. Son exercice dépend exclusivement de la volonté de celui à qui il appartient. On l'oppose à la simple expectative, espérance, attente ou intérêt, c'est-à-dire à l'avantage que nous ne possédons pas encore et dont l'exercice ne dépend pas seulement de nous-mêmes, mais aussi de la volonté d'une autre personne. Le droit de créance provenant d'un contrat est un droit acquis, tandis que la possibilité de succéder *ab intestat* à son parent est une simple expectative ou intérêt (4). Les partisans de ce système ne s'occupent pas du fait dont naît le droit. Seul Demolombe et quelques autres en font état : suivant eux, le droit acquis est l'effet d'un fait, passé sous l'empire de l'ancienne loi (5).

Quelques-uns commencent aujourd'hui à trouver superflu l'adjectif « acquis » dans l'expression « droit acquis ». Dans la définition de cette notion, Baudry-Lacantinerie parle de droit ou droit acquis (6). Et Laurent observe que l'espérance, droit essentiellement révocable, n'est pas un droit (7). Huc est encore plus

(1) Merlin, *Répertoire universel raisonné de jurisprudence*, v° *Effet rétroactif*.

(2) Blondeau, *Dissertation sur l'effet rétroactif des lois*, publiée dans *Thémis*, t. VII.

(3) V. Baudry-Lacantinerie, *Précis de droit civil*, t. I, p. 29.

(4) La majorité des auteurs limitent la notion du droit acquis au domaine des droits privés qui concernent directement ou indirectement la propriété. V. par exemple, Laurent, *Principes de droit civil français*, t. I, 1878, n° 162, p. 233.

(5) Demolombe, *Cours de Code civil*, t. I, n° 40, p. 45.

(6) Baudry-Lacantinerie, *op. et loc. cit.*

(7) Laurent, *op. cit.*, n° 195, p. 261.

catégorique. Selon lui, le mot « acquis » peut être complètement supprimé; il indique simplement que le droit est garanti par une action ou une exception et qu'il existe avant l'entrée en vigueur de la nouvelle loi (1). Le système est ainsi arrivé, du moins au point de vue de sa formule, au dernier degré de son évolution : aucun droit ne peut être atteint par une loi nouvelle. Mais c'est là déjà le troisième système de la doctrine subjective, que nous exposerons plus loin.

2. — D'après un autre système, dans une société bien organisée tout homme doit pouvoir accomplir ses actes en pleine connaissance de leurs conséquences. Si la nouvelle loi pouvait modifier les effets des actes des individus, il n'y aurait plus de sécurité dans les transactions humaines. C'est pourquoi il faut que la loi ne produise pas d'effet rétroactif quant aux droits qu'on a acquis par ses actes libres. Primitivement cette théorie était limitée aux contrats (2). Mais Lassalle admit, suivi de beaucoup d'autres (3), que le critérium du droit acquis n'est pas seulement le contrat, mais tout acte humain librement accompli. Les autres faits que Lassalle appelle juridiques, ne peuvent pas engendrer des droits acquis (4). De sorte que la loi ne peut avoir d'effet rétroactif que lorsqu'elle atteint l'homme au moyen de ses actes de volonté (5). Des auteurs plus récents, comme Stobbe et Martitz, élargirent, sur les traces de Wipermann, le cercle des faits propres à faire naître des droits acquis : ce sont, d'après eux, tous les faits, quels qu'ils soient, auxquels le droit objectif rattache l'existence ou la naissance d'un droit subjectif. On arriva ainsi à opposer aux droits acquis non plus les espérances, mais les droits légaux, ceux qui proviennent de la loi sans autre fondement (6). Un des représentants les plus

(1) Huc, *Commentaire du Code civil*, t. I, 1892, p. 67.

(2) En ce sens, Trendelenburg, *Naturrecht*, 2e éd., 1868, p. 118 et suiv.

(3) Affolter indique comme prédécesseurs de Lassalle, bien que celui-ci ne le reconnaisse pas, les partisans du droit naturel : Wolf et Pütter, le positiviste Pfeiffer, les auteurs français Blanchard et Mailher de Chassat, et particulièrement le président de la cour suprême de Stuttgard, Georgii. Cependant l'idée soutenue par Lassalle est encore plus ancienne, puisque, selon Affolter, on la trouve déjà chez le célèbre jurisconsulte italien Bartole, au XIVe siècle. V. *Geschichte des intertemporalen Privatrechts*, p. 580, n. 2.

(4) Lassalle, *Theorie der erworbenen Rechte und der Collision der Gesetze*, 2e éd. par Bücher, t. I, p. 72.

(5) *Ibid.*, p. 47.

(6) V. Affolter, *op. cit.*, p. 584 et suiv. — Citons M. Grivaz, qui suit Jellinek

remarquables de ce système, le professeur italien Gabba, est allé encore plus loin. Il repousse toute distinction et enseigne que tout droit provient d'un fait : *jus oritur ex facto* (1). Pour lui, le droit acquis est tout droit concret, entré dans notre patrimoine (2), qui est la conséquence d'un fait, capable de l'engendrer suivant la loi du temps où il a eu lieu (3). Ce progrès nous amène au troisième système. Le fait d'où sort le droit, est en soi indifférent (4), pourvu qu'il ait eu lieu sous l'empire de la loi ancienne. Ce qui importe, c'est la nature de l'avantage qui doit être un droit subjectif, entré dans notre patrimoine, et non une simple faculté légale (*facultà di legge*). On prend donc en considération le contenu de la prérogative juridique.

3. — C'est Struve qui a le premier considéré la manière dont les droits prennent naissance comme absolument indifférente. Selon lui, tous les droits existants, au point de vue de leur rapport avec les sujets auxquels ils appartiennent, sont pour ces derniers des droits acquis. En d'autres termes, tout droit subjectif véritable est en même temps un droit acquis (5). Peu de temps après, un autre auteur allemand, Stahl, a soutenu la même opinion dans son ouvrage sur la philosophie du droit. Il trouve tout à fait inexacte la doctrine d'après laquelle non pas

et Roneletti. Il distingue les droits acquis des droits concédés, — droits qui, par nature, supposent une concession du législateur, lequel les attribue immédiatement au sujet sans que celui-ci ait à les acquérir par un acte de volonté expresse ou tacite. En matière de droits non concédés, cet auteur oppose le droit acquis à l'aptitude concédée à acquérir des droits. Seuls les droits non concédés déjà acquis sont protégés contre la nouvelle loi. Grivaz, *La question des Eglises de Savoie et la théorie des droits acquis*, dans la *Revue générale du droit international public*, t. IV, 1897, p. 668 et suiv.

(1) Gabba, *Teoria*, etc., t. I, p. 191. Le mot « fait » est entendu ici dans son sens le plus large et embrasse les « rapports juridiques », c'est-à-dire les rapports établis par plus d'une volonté. *Ibid.*, p. 23.

(2) On exclut par là les droits politiques, l'état civil des personnes, la condition juridique des choses et les *facultà di legge* de Gabba. *Ibid.*, p. 206 et suiv., 211 et suiv., 257. Même les privilèges et les concessions ne rentrent pas dans la catégorie des droits acquis, s'ils concernent des intérêts ou des objets publics ou politiques. *Ibid.*, p. 214 et suiv., 225 et suiv.

(3) *Ibid.*, p. 191.

(4) C'est précisément de Gabba qu'on peut dire qu'il fait *Gleichberechtigung aller Tatbestände*, ce que Affolter dit de Wippermann avec une certaine exagération. V. *Geschichte*, etc., p. 585.

(5) Struve, *Ueber dispositiven Rechtsgesetze rücksichtlich seiner Ausdehnung in der Zeit oder über die Anwendung neuer Gesetze*, 1831, cité par Affolter, *op. cit.*, p. 607.

tous les droits subjectifs, mais seuls les droits acquis supposent une certaine manifestation extérieure. Le fait que le droit appartient au sujet d'une manière indépendante, ce qui constitue le caractère distinctif du droit acquis, n'a pas son fondement dans l'acte spécial d'acquisition, mais dans le contenu et la signification du droit lui-même (1). Et on ramène ainsi toute la difficulté à la notion du droit subjectif. Le célèbre romaniste Savigny définit indirectement cette notion, en disant que seuls les rapports juridiques d'une personne déterminée, c'est-à-dire les éléments constitutifs d'une sphère de domination indépendante de volonté individuelle, forment la catégorie des droits acquis (2). Par conséquent, ces droits se distinguent des facultés générales appartenant à tous les hommes ou à une classe entière d'hommes, ainsi d'ailleurs que des simples espérances (3). Et la règle fondamentale de la non-rétroactivité équivaut à ceci, que la loi doit laisser intacts les droits acquis. Mais, suivant le même auteur, cette règle concerne seulement les lois sur l'acquisition des droits et non celles qui sont relatives à l'existence ou à l'inexistence des droits, ou à leur mode d'existence (4).

(1) Stahl, *Rechtsphilosophie* (1re éd. 1831-1837), 3e éd., t. II, p. 635.

(2) Savigny, *System des heutigen römischen Rechts*, t. VIII, 1849, p. 385.

(3) *Ibid.*, p. 368 et suiv.

(4) *Ibid.*, p. 381-382, 514 et suiv. — Quelques-uns prétendent que la distinction de Savigny est plus ancienne. Affolter admet comme prédécesseur du grand jurisconsulte allemand le professeur du XVIIe siècle Linker. Cependant celui-ci parle non des lois, mais des faits juridiques. *Geschichte*, etc., p. 313, n. 1. Hofmann traite de tel le jurisconsulte français Blondeau et même trouve des traces d'une pareille distinction chez Bergmann, auteur de l'ouvrage *Das verbot der rückwirkenden Kraft neuer Gesetze im Privatrecht*, 1818. V. *Geschichte*, p. 61, n. 2. La vérité est que cette distinction fut connue encore à Portalis qui, dans un discours prononcé au Corps législatif, sur le titre préliminaire du Code civil, s'écriait : « Détruire une institution qui existe, ce n'est certainement pas faire une loi rétroactive; car, si cela était, il faudrait dire que les lois ne peuvent rien changer. Le présent et l'avenir sont sous leur empire. Elles ne peuvent certainement pas faire qu'une chose qui existe n'ait pas existé; mais elles peuvent décider qu'elle n'existera plus. Or voilà tout ce qu'ont fait les lois qui ont détruit les fiefs, la noblesse, les substitutions. Locré, *Législation civile*, t. I, p. 24. Cette idée fut plus tard reprise en France par Vareilles-Sommières, *Une théorie nouvelle sur la rétroactivité des lois*, 1893, p. 8 et suiv., 26-27. — Récemment, un partisan de Savigny, Rohs, présenta une vue originale sur la notion du droit acquis. Selon lui, l'idée du droit acquis provient de l'idée de l'État, comme une association ayant pour but l'ordre juridique dans la société et, par conséquent, la négation absolue des *jura quæsita* signifie l'opposé de l'ordre et, en même temps, l'opposé de l'Etat lui-même. Rohs,

L'évolution qui s'est produite dans les différents systèmes exposés, nous permet de formuler la doctrine subjective de la manière suivante : la loi nouvelle n'atteint pas les droits acquis, et droits acquis, ce sont tous les droits subjectifs (1). Cette règle souffre cependant certaines exceptions. Elles concernent les lois relatives aux droits personnels, les lois impératives et prohibitives, les lois ayant pour objet l'existence des droits, enfin celles qui n'auraient pas atteint leur but sans rétroactivité.

Une critique détaillée de cette doctrine est, nous semble-t-il, superflue. En France le regretté de Vareilles-Sommières l'a soumise à un examen minutieux (2). Qu'il nous suffise ici d'en indiquer les défauts essentiels, afin de la rejeter. M. Affolter lui reproche de ne pas atteindre le but qu'elle se propose, en ce sens qu'au lieu de garantir tous les rapports juridiques, nés sous l'empire de la loi antérieure, elle ne prend sous sa défense que les *causae finitae* avec une certaine extension (3). C'est là, sans doute, une exagération. Mais la doctrine subjective est exclusive et étroite. En posant pour principe qu'on doit respecter les droits acquis, c'est-à-dire les droits subjectifs, inviolables par rapport aux lois nouvelles, elle perd complètement de vue une foule de faits passés dont les conséquences juridiques ne constituent pas de véritables droits subjectifs, mais bien des droits conditionnels ou des qualités et capacités juridiques des personnes. Tout en proclamant solennellement que la loi n'a pas d'effet rétroactif, cette doctrine admet en même temps la règle opposée que la loi rétroagit et cherche alors à déterminer quand la loi peut rétroagir et quand elle ne le peut pas. Cette doctrine distingue donc deux espèces de rétroactivité : l'une défendue, l'autre permise. Or cela est inadmissible; la loi rétroagit ou ne rétroagit pas; les deux règles opposées ne peuvent pas être vraies à la fois.

La doctrine que nous combattons a encore un autre grand défaut. Elle justifie la règle de la non-rétroactivité ou du respect

Das Prinzip der « wohlerworbenen Rechte » im internationalen und intertemporalen Privatrechte, dans la *Zeitschrift für internationales Privat- und oeffentliches Recht*, XIV, 1904, p. 363.

(1) Déjà vers la moitié du siècle passé Christiansen disait que droit acquis est « tout droit subjectif concrètement déterminé ». Suivant Affolter, Bauer a été le prédécesseur de Christiansen à cet égard. *Geschichte*, p. 608.

(2) Vareilles-Sommières, *op. cit.*, p. 12 et suiv.

(3) Affolter, *op. cit.*, p. 626-627.

des droits acquis par des considérations d'équité (1). Or la question de savoir s'il est juste ou désirable qu'une loi rétroagisse ou non, rentre dans le domaine de la législation et non dans celui du droit positif. La seule question qu'a le juge à décider, lorsqu'il manque de disposition spéciale, consiste à savoir si en en général la loi a ou n'a pas d'effet rétroactif; et il applique ensuite la solution admise par lui à la loi dans le cas donné.

II. — Dans la doctrine objective, à laquelle nous passons maintenant, on prend en considération non les conséquences juridiques qui se produisent quant aux sujets dont la loi règle les rapports, mais l'effet de la loi en général, c'est-à-dire son action sur les faits qui, grâce à elle, engendrent certaines conséquences juridiques. Ce qui importe ici, c'est le moment où a eu lieu le fait, source des conséquences juridiques. Tout fait juridique est, en principe, régi par la loi sous l'empire de laquelle il a été accompli, et cela indépendamment de l'époque où l'on voudrait profiter de ses résultats. Cependant tous les partisans de cette doctrine ne vont pas aussi loin; les opinions sur la notion même de rétroactivité et de non-rétroactivité sont divergeantes.

Au commencement du siècle dernier, les adversaires du système des droits acquis en Allemagne admettaient que toute loi, par le fait même de son entrée en vigueur, rend la loi antérieure inapplicable dans l'avenir. Par conséquent, tous les faits passés et tous les rapports de droit déjà établis tombent sous le coup de la loi nouvelle; il n'y a d'exception que pour *causae finitae*. Et Weber trouvait, par exemple, que la loi ne serait rétroactive que si elle s'appliquait aux causes finies: dans tous les autres cas elle ne produirait pas d'effet rétroactif et devrait, par conséquent, être appliquée. Cette manière de comprendre la rétroactivité était également partagée par Schmid, Seuffert et beaucoup d'autres (2). Nous verrons plus loin qu'à la suite d'une certaine confusion, elle supprimait dans une large mesure, au lieu de la résoudre, la question du règlement des faits

(1) V. Cavaglieri, qui fait cette confusion et admet même comme règle la rétroactivité de la loi. C'est la non-rétroactivité qui, selon lui, forme l'exception. *Diritto internazionale privato e diritto transitorio*, 1904, p. 20 et suiv., 60.

(2) Weber, *Ueber die Rückanwendung positiver Gesetze*, 1811, p. 42, cité par Affolter, *op. cit.*, p. 630, 632 et suiv.

intertemporaux et des conflits de lois surgissant à propos de ces faits.

C'est seulement vers la fin du siècle passé qu'on trouve de vraies doctrines objectives de droit intertemporal. Telle est par exemple la théorie du professeur italien Chironi. Dans une brochure spéciale(1), il admet la seconde proposition de Demolombe, dans laquelle cet auteur tient compte du fait juridique et définit le droit acquis comme l'effet ou la conséquence d'un fait, passé sous l'empire de la loi antérieure. Mais, et c'est l'important, il abandonne complètement la notion du droit acquis, en mettant à sa place celle du fait accompli (2). Dans son nouveau traité de droit civil, fait en collaboration avec son collègue Abello (3), le même auteur soutient que la loi ne peut régler aucun rapport de droit, tant qu'elle n'a pas encore acquis force obligatoire, et que, par conséquent, elle ne peut pas modifier les effets que l'ancienne loi reconnaît aux faits, passés sous son empire. Succédant à la loi antérieure, sa force obligatoire laisse complètement intacte la matière sur laquelle cette loi a exercé son action. La non-rétroactivité de la loi (*irretroattività*) est donc en rapport avec sa force obligatoire (*obbligatorietà*), cette dernière étant la cause de la première (4). Tel est le principe. Les deux auteurs reconnaissent que les lois d'ordre public et les lois qui non seulement prohibent, mais abolissent une institution de droit, s'appliquent aussi aux rapports, établis sous l'empire de la loi antérieure. Mais ils ne voient en cela qu'une rétroactivité simplement apparente, une rétroactivité inhérente au caractère de la loi nouvelle considérée *in se*, puisque autrement celle-ci manquerait son but ou n'aurait plus d'objet (5).

Une théorie semblable a été présentée par de Vareilles-Sommières dans sa savante étude sur la rétroactivité des lois. Selon lui, une loi est rétroactive, quand elle efface dans le passé les effets déjà produits d'un acte ou d'un fait antérieur, ou quand elle supprime ou modifie pour l'avenir un de nos droits à raison d'un fait passé, par exemple parce qu'il a été acquis dans le passé par tel mode, dans telle forme ou dans telle circonstance,

(1) *Della non retroattività in materia civile*, 1884.

(2) *Fatto compiuto.*

(3) *Trattato di diritto civile italiano*, vol. I, *Parte generale*, 1904.

(4) Chironi e Abello, *op. cit.*, p. 83. — Beaucoup d'auteurs français se prononcent dans le même sens. V., par exemple, Baudry-Lacantinerie, *op cit.*, t. I, p. 26.

(5) Chironi e Abello, *op. cit.*, p. 94-95.

ou parce que le possesseur du droit a posé, également dans le passé, tel ou tel acte (1). La loi n'est pas rétroactive, quand elle supprime ou modifie pour l'avenir un de nos droits non à raison d'un fait passé, mais à raison de ce droit pris en soi, des inconvénients qu'il offrirait dorénavant, ou encore à raison de notre état actuel, de notre âge actuel, etc. (2). Une telle loi ne critique et ne s'approprie aucun fait passé; elle a en vue seulement ou le droit comme il est actuellement ou comme il doit être pour l'avenir, ou l'état actuel des personnes dont elle modifie la condition juridique. De cette façon on soumet *in futurum* à une règle nouvelle le droit lui-même ou la condition des personnes, non les faits qui ont créé le droit, et d'une manière générale des faits passés quelconques. Sans doute, fait observer l'auteur, en modifiant les effets d'un droit et surtout en le supprimant, le législateur modifie indirectement les effets mêmes, sinon immédiats, du moins secondaires de tous les actes qui l'avaient engendré; mais du moment qu'il ne les modifie que pour l'avenir et que pour des raisons d'avenir, il ne fait pas une loi rétroactive (3). Ainsi conçue, cette théorie rappelle la distinction de Savigny entre les lois relatives à l'acquisition des droits et celles concernant leur existence ou leur changement. L'auteur se réfère lui-même à Portalis (4), qui, à cet égard, est, suivant nous, le prédécesseur du jurisconsulte allemand (5). Or cette distinction est inadmissible (6). Comme

(1) Vareilles-Sommières, *op. cit.*, p. 5-7.

(2) *Ibid.*, p. 8.

(3) *Ibid.*, p. 9.

(4) *Ibid.*, p. 26-27.

(5) V. *suprà*. — La doctrine de Vareilles-Sommières est de nature à amener dans la pratique les mêmes difficultés que la doctrine de Savigny. V. pour les dissentiments entre Savigny, Lassalle et Bornemann, à propos de la loi qui transforme la nature personnelle du droit du locataire en réelle, Zaleski, *Leçons d'encyclopédie du droit* (en russe), 1902, p. 188-189. Vareilles-Sommières lui-même prévoit ces difficultés, *op. cit.*, p. 39.

(6) Pour prendre un exemple, nous ne pouvons pas faire de distinction entre la loi qui abaisse à 4 0/0 le taux des intérêts pour toutes les créances abstraction faite de leurs sources et qui, suivant de Vareilles-Sommières, s'applique pour l'avenir à toutes les créances existantes, et la loi qui n'abaisserait ainsi le taux des intérêts que pour les créances provenant de prêts, et qui, suivant le même auteur, ne s'appliquerait pas aux créances de prêt déjà existantes même pour l'avenir. *Ibid.*, p. 37. Nous croyons, au contraire, que les deux lois ne s'appliqueront qu'aux créances nées après leur entrée en vigueur, non aux créances déjà existantes, ne fût-ce que pour l'avenir, à moins bien entendu que le législateur n'en ait disposé autrement.

nous l'avons déjà dit, une doctrine objective ne peut pas faire de distinction d'après le contenu des lois ; en principe, toutes les lois doivent être soumises à une seule et même règle générale; les exceptions ne peuvent avoir pour fondement que la volonté même du législateur.

Un éminent professeur de Paris, M. Planiol, adversaire lui aussi des droits acquis, a formulé une doctrine sur la non-rétroactivité des lois qui se rapproche beaucoup de celle que nous venons d'exposer. Pour lui, la loi est rétroactive quand elle revient sur le passé soit pour apprécier les conditions de légalité d'un acte, soit pour modifier ou supprimer les effets d'un droit déjà réalisés. Hors de là, dit cet auteur, il n'y a pas de rétroactivité, et la loi peut modifier les effets futurs de faits ou actes même antérieurs sans être rétroactive (1). Le principe de la non-rétroactivité repose, selon lui, sur l'intérêt général, qui exige que ce qui a été fait régulièrement sous l'empire d'une loi soit considéré comme valable et par suite soit stable, même après le changement de législation. Quelle sécurité y aurait-il pour les particuliers, si leurs droits, leur fortune, leur condition personnelle, les effets de leurs actes et de leurs contrats, pouvaient à chaque instant être remis en question, modifiés, supprimés par un changement de volonté du législateur (2)?

Une doctrine objective encore plus approfondie a été formulée dernièrement par le professeur Affolter dans son grand ouvrage sur le droit intertemporal. Elle peut être résumée ainsi. Il existe deux règles sur notre matière : l'une est antérieure, l'autre postérieure. La première, c'est la règle fondamentale suivant laquelle les faits et rapports juridiques sont régis par la loi sous

(1) Planiol, *Traité élémentaire de droit civil*, t. I, 1900, n° 223, p. 91. — Un peu plus loin, l'auteur parle des états de droit susceptibles de se prolonger longtemps et dont quelques-uns, comme la propriété, la noblesse, l'esclavage, dépassent de beaucoup la durée de la vie humaine et se transmettent héréditairement. Il admet que ces situations sont exposées aux changements législatifs : en principe, dit-il, elles en subissent l'effet. C'est que, suivant lui, la loi nouvelle peut modifier un état de droit résultant de faits antérieurs; si elle le régit pour l'avenir seulement et à compter de sa promulgation, il n'y a dans son application aucun effet rétroactif. L'auteur ajoute que le législateur ne nous garantit nullement l'exercice indéfini dans l'avenir de nos droits actuels; ces droits n'existent et ne durent qu'autant que la loi qui les régit et qui les permet; ils doivent subir l'effet de tout changement de législation. Il s'appuie sur de Vareilles-Sommières et Portalis (*op. cit.*, n°s 235-236, p. 96), dont nous avons parlé.

(2) Planiol, *op. cit.*, n° 220, p. 90.

l'empire de laquelle ils sont nés, même lorsque cette loi est abrogée et remplacée par une autre : l'effet matériel de l'ancienne loi continue, bien que, comme abrogée, elle ne soit plus en vigueur (1). La seconde règle permet que la nouvelle loi puisse, dans certaines conditions, exclure l'application de la loi antérieure. C'est lorsque le sentiment juridique ou la raison du législateur se sont tellement tournés contre l'ancienne loi que son effet matériel devient dorénavant insupportable (2). Comme on le voit, l'auteur ne parle pas de rétroactivité de la loi nouvelle, mais bien de l'exclusion de la loi ancienne (3). C'est que, selon lui, une loi ne serait rétroactive que si elle agissait sur les faits et rapports antérieurs comme rétroagit dans les contrats la condition accomplie, c'est-à-dire si elle les saisissait comme s'ils s'étaient formés dès le début sous son empire (4). Or tel n'est pas l'effet de toutes les lois dites rétroactives. La loi qui exclut l'application d'une loi antérieure, est exclusive. Elle ne peut avoir ce caractère que grâce à la volonté du législateur, clairement manifestée. Autrement aucune loi n'est exclusive, et cela même si elle est d'ordre public ou se rapporte à l'existence des droits. Ce qui amène l'auteur à affirmer qu'il n'y a pas d'exclusivité innée (5).

Ce qui mérite surtout d'être mis en relief ici, c'est la manière

(1) *System des deutschen bürgerlichen Uebergangsrechts*, 1903, p. 25 et suiv. Cette première règle, *jus commune*, se compose de deux sous-règles : 1° *id quidem quod jure gestum est revocari non potest*, et 2° *quod initio vitiosum est non potest tractu temporis convalescere*.

(2) *Ibid.*, p. 34 et suiv. Cette seconde règle, *jus singulare*, est formée elle aussi de deux sous-règles : 1° *quae semel utiliter constituta sunt, resolvuntur, quum in eum casum inciderunt a quo non potuissent incipere*, et 2° *ea quae inutiliter constituta sunt, convalescunt, si in eum casum inciderunt, a quo initium capere potuerunt*.

(3) *Ausschliessung* et *Ausschliesslichkeit*. — D'autres auteurs, adversaires de l'expression « effet non rétroactif », parlent de non-application de la loi nouvelle (*Nichtanwendung*). V., par exemple, Regelsberger, *Pandekten*, t. I, 1893, p. 186-187.

(4) *System*, p. 56. Cette conception étroite de la rétroactivité se trouve déjà chez Savigny, *op. cit.*, t. VIII, p. 382, qui l'appelle rétroactivité au sens littéral ou matériel, tandis que Affolter l'appelle rétroactivité au sens juridique. Or sous cette dernière Savigny entend le cas d'une loi qui aurait soumis à son empire les conséquences des faits passés, c'est-à-dire aurait exercé sur elles une certaine influence.

(5) *Angeborene Ausschliesslichkeit. System*, p. 58. — Sous ce rapport Affolter a été devancé par les professeurs Eck et Zitelmann. V. Zitelmann, *Verhaeltniss der oertlichen und zeitlichen Anwendungsnormen zu einander*, dans *Iherings Iahrbücher für die Dogmatik*, t. XXIV, 1901, p. 198-199.

dont l'auteur justifie sa première règle. Celle-ci repose, suivant lui, sur une nécessité à la fois politique et juridique. L'État se mettrait lui-même en question, comme dit Boehlau, ou en contradiction avec lui-même ou, enfin, il se renierait lui-même, si, en tant que société permanente ou perpétuelle, il privait de sa protection les créations d'un ordre juridique antérieur, simplement parce qu'elles ne répondent plus à l'ordre juridique actuel, lequel sera un jour également supprimé et remplacé par un autre. D'autre part, et c'est la nécessité juridique servant de fondement à la règle, l'ordre juridique absolu de l'État, qui est une abstraction logique des divers ordres juridiques relatifs se succédant dans le temps, est un, indivisible et éternel; pour lui tous les faits et rapports de droit sont égaux, de quel ordre juridique relatif qu'ils proviennent, et doivent être également reconnus et protégés; or, pour cela, il faut qu'on les apprécie suivant l'ordre juridique relatif sous l'empire duquel ils sont nés et dont ils portent l'empreinte. Enfin, l'auteur parle aussi d'une troisième nécessité, philosophique ou logique, de la première règle. Le temps n'étant qu'une forme d'intuition de l'homme raisonnable, dit-il, c'est toujours le présent qui appartient à ce dernier. Aussi est-ce le présent de l'ordre juridique ou l'ordre juridique actuel qui doit régir les faits nés actuellement et les rapports de droit commençant actuellement. Pour eux, les futurs changements de législation n'existent pas et ne peuvent rien disposer à leur égard (1).

Les premiers adversaires des droits acquis commettaient la grave erreur de reconnaître à la loi un effet trop large quant au temps. Suivant eux, une loi n'est rétroactive que lorsqu'elle atteint les causes finies. Par conséquent, chaque loi s'applique normalement à tous les faits, même antérieurs, qui doivent être jugés sous son empire. Depuis l'entrée en vigueur de la loi jusqu'à son abrogation, elle est une maîtresse absolue et exclut l'application de toute autre loi, à moins de disposition contraire du législateur. Donc, en principe, on ne tient aucun compte du lien entre le fait juridique et la loi antérieure : les faits intertemporaux sont soumis à la loi actuelle au même titre que les autres. Dans cette opinion le droit civil intertemporal aurait pour objet non pas tous les faits civils intertemporaux, mais seulement ceux pour lesquels le législateur édicterait des normes

(1) *System*, p. 18 19.

spéciales, soit pour les régler directement, soit pour les soumettre à la loi antérieure en les soustrayant à l'action normale de la loi actuelle. Cette conception du droit civil intertemporal est très étroite; elle est le résultat de l'effet absolu qu'on reconnaît à la loi depuis son entrée en vigueur jusqu'à son abrogation.

Ceci nous rappelle le principe de la territorialité absolue de la loi et la conception étroite du droit privé international comme un ensemble de dérogations à ce principe. Si l'on proclame la loi absolument territoriale, c'est-à-dire applicable à tous les faits sans exception qui doivent être jugés dans le pays, on écarte toute distinction entre les faits nationaux et les faits internationaux. Le droit privé international n'est plus alors que l'ensemble des normes par lesquelles le législateur restreint l'effet absolu de la loi matérielle locale et règle, soit directement, soit indirectement — par renvoi à une loi étrangère — certains faits internationaux. Beaucoup d'auteurs même contemporains pensent que l'objet de cette branche du droit consiste dans la détermination de l'effet extra-territorial des lois, c'est-à-dire de leur application à l'étranger ou, ce qui est la même chose, de l'application des lois étrangères dans le pays (1). Et c'est sous l'influence du même principe de la territorialité absolue que le jurisconsulte allemand Waechter posa sa fameuse règle suivant laquelle, dans le doute, tout conflit doit être résolu en faveur de la loi locale : *in dubio pro lege fori* (2). Or aujourd'hui le principe de la territorialité est généralement abandonné. La loi a bien force obligatoire dans tout le territoire de l'État, mais dans ce territoire elle ne s'applique pas à tous les faits sans distinction. Son domaine normal est beaucoup plus restreint. On tient compte du rapport entre le fait et l'État local ou l'étranger. La loi ne s'applique en principe qu'aux faits nationaux (3), à ceux qui n'ont aucun élément étranger, qui ne se

(1) Foelix, *Traité de droit international privé*, 1843, p. 3; Asser et Rivier, *Eléments du droit international privé ou du conflit des lois*, 1886, p. 3; Piédelièvre, *Précis du droit international public ou droit des gens*, 1894, t. I, p. 16; Affolter, *Geschichte des intertemporalen Privatrechts*, 1902, § 3, p. 6; Salmon, *Jurisprudence or the theory of the law*, 1902, p. 603.

(2) Waechter, *Archiv für civilistische Praxis*, 1841, p. 237 et suiv., 1842, p. 1 et suiv.; *Pandecten*, 1880, § 31.

(3) Voy. en ce sens : Jitta, *La méthode du droit international privé*, 1890, p. 48; Dicey, *A digest of the law of England with reference to the conflict of laws*, 1896, p. 4, *Internationales Privatrecht als Bestandteil des*

trouvent en connexion avec aucun territoire ou plus exactement avec aucun État étranger. Quant aux faits internationaux, on suit, lorsque le législateur ne les a pas réglés d'une manière directe, tantôt la loi locale, tantôt la loi étrangère, d'après les normes qui constituent précisément le droit privé international au sens traditionnel de cette expression. Ainsi donc l'effet normal de la loi au point de vue du territoire n'est pas un pouvoir absolu sur le territoire comme un théâtre d'action, mais un pouvoir limité aux faits qui sont exclusivement en connexion avec ce territoire ou plutôt avec l'État local. La loi n'a en principe aucun effet à l'égard des faits ayant un certain rapport avec un État étranger; elle leur est normalement inapplicable.

Eh bien, une restriction pareille doit être admise lorsqu'il s'agit de l'effet normal de la loi quant au temps. Sans doute, la loi a force obligatoire depuis son entrée en vigueur jusqu'à son abrogation. Mais, dans ce laps de temps, elle ne s'applique pas à tous les faits qui doivent être jugés, elle n'exerce pas un empire absolu. Son effet s'étend seulement sur les faits qui n'ont aucun rapport avec un autre ordre juridique, c'est-à-dire sur les faits qui se sont accomplis et doivent être jugés dans l'intervalle de son entrée en vigueur jusqu'à son abrogation. Les faits intertemporaux restent donc en dehors de l'effet normal de la loi actuelle et de la loi antérieure, et forment l'objet du droit civil intertemporal. Quand ils n'ont pas été directement réglés, ils sont régis tantôt par la loi actuelle, tantôt par la loi antérieure, suivant les normes de conflit qui constituent la partie la plus importante du droit civil intertemporal, notamment le droit civil intertemporal collisionnel.

A défaut de dispositions positives à cet égard, on ne peut songer, pour le règlement des faits intertemporaux, qu'aux lois avec lesquels ils sont en connexion. Mais, et c'est la question qui nous occupe, laquelle de ces lois doit être appliquée? Pour faire le choix entre les lois en concours, il faut, suivant nous, prendre en considération l'importance du lien entre le fait intertemporal et chacune de ces lois. Or il n'est pas douteux que la

englischen Rechts, dans la *Zeischrift für internationales Privat-und Strafrechts*, II. 1892, p. 116 et suiv.; Surville, dans la *Revue critique*, XVIII, 1899, p. 215; Buzzati, dans l'*Annuaire de l'Institut de droit international*, XVIII, 1900, p. 169; Westlake, *International law private*, dans l'*Encyclopaedia britannica*, XXIX, 1902, p. 535; Ligeoix, *La théorie du renvoi*, dans le *Journal de droit international privé*, XXXI, 1904, p. 556-557.

préférence doit être reconnue au lien qui unit le fait à la loi antérieure. Entre la loi actuelle et le fait, du moins lorsque celui-ci est relativement intertemporal par rapport à elle, il n'existe qu'un simple lien de procédure. Tout autre est le lien entre le fait et la loi antérieure. Le fait relativement intertemporal se rattache par tous ses éléments constitutifs à cette loi sous l'empire de laquelle il s'est accompli. Elle l'a saisi au moment de sa naissance et l'a régi normalement jusqu'à ce qu'elle a été abrogée. Car toute norme juridique prévoit, dans son hypothèse, l'ensemble des circonstances où elle s'applique, et indique, dans sa disposition, les conséquences juridiques qui se produisent alors. Au moment où cet ensemble de circonstances se réalise dans la vie pratique, au moment où le fait prévu s'accomplit concrètement, les conséquences juridiques, indiquées dans la disposition de la norme, naissent comme un résultat du fait en vertu de la norme elle-même. La norme de droit a ainsi produit son effet matériel, et il importe peu qu'un jugement soit venu le constater et en même temps le consacrer, ou non. Cet effet de la loi continue normalement jusqu'à l'abrogation de celle-ci. Mais pourquoi ne pas le reconnaître même après cette époque, si le législateur n'a pas disposé autrement? Le supprimer, pour appliquer la nouvelle loi, c'est soumettre le fait à une seconde réglementation, par cette seule raison que ses conséquences n'ont pas été constatées par jugement, ce qui est inadmissible, l'effet de la loi étant en principe absolument indépendant de toute reconnaissance judiciaire. Tout fait relativement intertemporal doit donc être apprécié exclusivement d'après la loi qui a été en vigueur au moment de son apparition.

Cette théorie fait une distinction entre la force abstraite et l'effet matériel de la loi. Sous l'expression qu'une norme est en vigueur ou qu'elle agit, on peut entendre dans un sens abstrait qu'elle est obligatoire, c'est-à-dire qu'elle possède la capacité de recevoir de l'application dans les cas concrets où le fait visé dans l'hypothèse de la norme vient à se réaliser, en d'autres termes qu'elle a la puissance de lier certaines conséquences juridiques à l'accomplissement du fait. On peut, sous la même expression, entendre l'effet concret de la norme dans un cas donné, c'est-à-dire l'engendrement des conséquences juridiques par le fait, en vertu de la norme. Une loi qui a été longtemps en vigueur, peut n'avoir jamais reçu d'application concrète, parce qu'aucun fait ne s'est réellement présenté dans la vie pratique.

Cette loi n'a produit aucun effet matériel. La loi nouvelle qui abroge une loi antérieure lui enlève la capacité de régir les faits futurs, de déterminer leurs conséquences juridiques, mais elle ne détruit pas son effet matériel, c'est-à-dire les conséquences juridiques produites par les faits qu'elle a régis. Comme l'observe fort justement M. Affolter, l'expression que telle loi est abrogée signifie simplement l'abrogation abstraite et non l'abrogation matérielle de la loi (1). La loi abrogée perd sa force obligatoire pour l'avenir, notamment pour les faits futurs sur lesquels elle ne peut plus exercer aucune influence; mais les faits déjà régis par elle ne sont pas atteints dans leurs conséquences juridiques, l'effet matériel de la loi n'est pas aboli. Les résultats de l'effet d'une loi continuent après son abrogation et peuvent durer indéfiniment, si telle est leur nature. La loi nouvelle ne peut être appliquée d'une manière générale au fait passé, et cela même pour la détermination de ses conséquences futures, c'est-à-dire de celles que le fait est de nature à produire après l'entrée en vigueur de cette loi.

Du moment que l'effet matériel de la loi antérieure doit être respecté par la loi postérieure, il s'ensuit : 1° que la loi actuelle ne peut régir les faits antérieurs (2), ni exercer une influence sur leurs conséquences même pour l'avenir (3); et 2° que les conséquences juridiques des faits passés doivent être déterminées d'après la loi antérieure, qui seule régit même les faits, nés sous l'empire de la loi nouvelle, qui concernent l'extinction ou la modification de ces conséquences juridiques. Ces règles sont vraies, quel que soit le caractère ou la nature des conséquences des faits antérieurs; elles peuvent être de véritables droits subjectifs ou non, cela n'importe pas. D'autre part, la loi actuelle ne peut modifier les conséquences des faits antérieurs non seulement lorsqu'elle vise directement les faits, mais aussi lorsqu'elle vise avant tout l'existence ou le contenu des droits. Enfin, quand on dit que toute loi régit les faits passés sous son empire, et détermine leurs conséquences, on ne pose pas une règle exclusivement intertemporale. Elle ne fait partie du droit intertemporal qu'en tant qu'elle vise l'action de la loi sur ces faits après son abrogation, car ce n'est qu'à partir de ce moment que ceux-ci deviennent intertemporaux.

(1) Affolter, *System*, etc., p. 42.
(2) Cp. Regelsberger, *Pandekten*, t. I, p. 186.
(3) Cp. Regelsberger, *Ibid.*, p. 188.

Après ces explications, disons quelques mots des faits absolument intertemporaux. Ce sont des faits composés et complexes ou des situations plus ou moins prolongées qui, par leurs éléments mêmes, se trouvent en rapport avec deux ou plusieurs lois à la fois. Le fait composé est formé de divers éléments, nés à des moments différents, et qui en eux-mêmes ne constituent pas tous des faits autonomes, c'est-à-dire ne sont pas tous capables de produire des conséquences juridiques. Les divers éléments du fait composé peuvent être également importants ou se trouver entre eux en relation de principal et accessoire. Le fait complexe est à proprement parler un lien ou un ensemble de faits différents dont chacun est autonome, c'est-à-dire possède la capacité d'engendrer des conséquences juridiques, mais qui ensemble produisent de nouvelles conséquences juridiques (1). La difficulté particulière des situations contenues et des faits complexes ou composés en droit intertemporal consiste dans la détermination du moment de leur formation. Or, d'après la conception organique, qui s'oppose à la conception mécanique, ces faits et situations sont censés accomplis au moment où commence leur formation, sauf lorsque l'un de leurs éléments constitutifs est principal, les autres accessoires, cas auquel le moment où la partie principale s'est formée est décisif. Par conséquent ils sont régis par la loi sous l'empire de laquelle a commencé leur formation ou s'est accomplie leur partie principale.

Les principes exposés jusqu'à présent gagneront en clarté par quelques exemples d'application.

La loi qui défend certains actes et les déclare punissables, ne s'applique pas aux actes accomplis antérieurement, car autrement on les soumettrait à une nouvelle réglementation juridique.

Si le propriétaire d'un immeuble n'acquiert aucun droit d'après la législation en vigueur, lorsque le fonds voisin menace ruine, la nouvelle loi qui accorderait en pareil cas un certain avantage au propriétaire menacé, comme la *cautio damni infecti*, ne s'appliquerait pas aux situations existantes lors de son entrée en vigueur.

(1) Gabba appelle tous les faits qui ne se forment pas en un seul moment, fatti complessi. V. Teoria, etc., t. I, p. 247 est suiv., Planiol parle d'actes et faits de longue durée. *Traité élémentaire*, t. I, n° 228, p. 93. — Affolter a fait une analyse approfondie de la nature des faits juridiques (Tatbestände), qu'il a sousmis à une classification détaillée, *op. cit.*, p. 97 et suiv.

La prescription commencée sous la loi ancienne n'est pas atteinte par la loi nouvelle qui abrège ou prolonge le délai pour prescrire, attendu que, suivant la conception organique, la prescription est régie par la loi en vigueur au moment où elle a commencé. Rien n'empêche, cependant, le possesseur de commencer, après l'entrée en vigueur de la loi nouvelle, une prescription conformément à cette loi. A supposer que la loi introduise dans le pays la prescription acquisitive ordinaire (sans titre) pour la première fois, la possession antérieure ne pourra pas compter; autrement on lui ferait produire un effet que la loi contemporaine ne lui reconnaissait pas.

La loi modifiant la forme des testaments n'a aucune influence sur les testaments déjà faits, même si le testateur décède après son entrée en vigueur, suivant la maxime bien connue *tempus regit actum;* autrement on détruirait l'effet matériel de la loi antérieure, la validité du testament comme un élément dans l'ensemble des circonstances exigées pour la transmission *mortis causa*.

Le mineur, marié sous l'empire d'une législation admettant la règle que le mariage rend l'époux capable d'agir, ne perd pas sa capacité après l'entrée en vigueur d'une nouvelle loi qui répudie cette règle, bien que la capacité soit une simple qualité juridique et non un droit subjectif. De même, inversement, le mineur ne devient pas capable lorsque, après son mariage, une loi introduit ladite règle qui était jusqu'alors inconnue; car autrement on modifierait les conséquences d'un fait, le mariage, auquel on attribuerait une propriété qu'il n'avait pas auparavant, celle de rendre l'époux capable.

La loi qui enlève certains droits politiques à ceux qui ont commis tel acte, par exemple qui se sont abstenus dans deux ou trois élections, ne s'appliquera pas aux citoyens qui ont fait cet acte avant son entrée en vigueur. Autrement, ce serait modifier les conséquences de cet acte, qui est un fait passé. Il en est de même de la loi qui enlève certains droits politiques aux naturalisés qui n'ont pas une résidence assez prolongée dans le pays. Cette loi ne s'appliquera qu'aux personnes qui se feront naturaliser après son entrée en vigueur. Tout cela indépendamment de la question de savoir si le droit politique est un vrai droit subjectif ou une simple concession du législateur.

La parenté entre l'adopté ou l'enfant naturel et l'adoptant ou le parent naturel, reconnue par l'ancienne loi, ne sera pas annulée par la loi nouvelle qui dispose autrement ; car on modifierait les conséquences d'un fait passé : l'adoption ou la reconnaissance, et cela bien que la parenté ne soit pas un droit subjectif.

Nous avons dit que la loi nouvelle ne régit pas non seulement les faits antérieurs, mais même les faits, passés depuis son entrée en vigueur, qui concernent l'extinction ou la modification de conséquences juridiques, créées par l'effet de la loi antérieure. C'est ainsi que la question de savoir si la destruction actuelle de la chose entraîne l'extinction de l'obligation, née sous la loi ancienne, dépend non de la loi actuelle, mais de la loi ancienne. C'est également la loi antérieure, non la loi actuelle, qui décide si certaines circonstances qui ont eu lieu actuellement mettent fin à l'usufruit, établi au temps de la première loi. Enfin, pour savoir si l'on a le droit de demander maintenant un supplément jusqu'à la valeur réelle de l'immeuble qu'on a vendu trop bon marché sous l'empire de la loi précédente, c'est cette loi et non la loi actuelle qu'on doit appliquer.

Présentons quelques exemples aussi en ce qui concerne les ois qui ont pour objet l'existence ou le contenu des droits. Nous avons dit qu'elles ne rétroagissent pas non plus. Ainsi l'abrogation de la loi sur l'adoption signifierait en principe impossibilité d'adopter et non suppression des rapports existants actuellement entre adóptants et adoptés ; car autrement on détruirait les conséquences des faits grâce auxquels ces rapports ont été établis. La loi qui reconnaît au droit du locataire d'immeuble un caractère réel et non personnel ne s'appliquera qu'aux locations futures, quoiqu'elle ait pour objet la nature ou le mode d'existence du droit subjectif. De même aussi la loi qui abaisse le maximum du taux des intérêts sans distinction de leur source, n'atteindra pas les dettes existantes (1), attendu qu'autrement elle modifierait les conséquences des faits passés qui ont engendré ces dettes, — et cela quoique la loi vise ici le contenu des droits subjectifs.

La règle générale du droit civil intertemporal souffre exception lorsqu'une dérogation a été dûment établie. Or dans l'Etat il n'y a que le législateur qui puisse apporter une exception à notre règle ; car pour le juge celle-ci est certainement obligatoire. Des

(1) V. *Contrà*, de Vareilles-Sommières, *Une théorie nouvelle*, p. 37.

auteurs prétendent qu'elle lie aussi le législateur (1); ils admettent ce qu'on appelle la positivité de notre règle. Cette thèse est soutenue surtout en Allemagne. En France et en Italie domine l'opinion contraire (2). La règle que la loi dispose pour l'avenir et n'a pas d'effet rétroactif, n'est pour le législateur, dit Laurent, qu'un simple conseil (3). Comme partisans de la positivité de la règle on peut citer Bergmann, Struve, Savigny, Brinz, Lassalle, Hofmann et, parmi les plus récents, Gierke et Affolter. Leurs motifs ne nous paraissent pas décisifs.

La science juridique moderne reconnaît, suivant Affolter, que le législateur est lié par des normes de droit et, en premier lieu, par les normes du droit intertemporal. Cet auteur s'appuie sur Jellinek, qu'il ne considère pas comme un partisan du droit naturel (4). Or le célèbre professeur de droit public enseigne que le pouvoir de l'État est un pouvoir de droit, c'est-à-dire un pouvoir limité, exercé dans certaines limites juridiques; qu'il devient tel par l'autolimitation dont le contenu dépend, d'ailleurs, de l'État lui-même; que le pouvoir étatique est limité à l'extérieur par le droit des gens, à l'intérieur par le droit public au sens large; que la limitation juridique de l'activité étatique est la moins importante en matière de législation; que des normes du droit des gens limitent celles du droit interne, des normes constitutionnelles les lois ordinaires; enfin que tout État doit avoir une constitution et une législation, mais que leur contenu dépend

(1) A défaut, bien entendu, de dispositions constitutionnelles. La règle est inscrite dans les constitutions des États-Unis, de Norvège, de Grèce et de Saxe-Altenbourg.

(2) Baudry-Lacantinerie, *Précis*, t. I, p. 27; Chironi e Abello, *Trattato*, t. I, p. 93.

(3) Laurent, *Principes*, t. I, p. 150-151. — Un auteur allemand résume les motifs du *bürgerliches Gesetzbuch* et de l'*Einführungsgesetz*, en disant que la règle fondamentale de la non-rétroactivité des lois est reconnue par le législateur comme un commandement de la raison, fondé sur l'essence de l'ordre juridique, et qu'il doit observer lorsqu'il édicte les règles du droit intertemporal. Le même auteur considère la règle fondamentale comme une exigence philosophico-juridique de l'ordre de droit, — exigence de justice que le législateur s'impose comme une autolimitation, et non comme une limitation juridique à la plénitude de son pouvoir. Habicht, *Die Einwirkung des bürgerlichen Gesetzbuchs auf zuvor entstandene Rechtsverhältnisse*, 2e éd., 1901, p. 7-8.

(4) Affolter, *Das intertemporale und internationale Recht der zeitlichen und oertlichen Collisionsnormen des bürgerlichen Rechts*, dans la *Zeitschrift für Privat-und oeffentliches Recht*, 1903, p. 128. Il cite l'*Allgemeine Staatslehre* de Jellinek, p. 245-246, 564 et suiv.

exclusivement de lui-même (1). Il devient clair par ce que nous venons de citer, combien il est difficile d'en tirer une conclusion en faveur de l'existence de normes intertemporales, obligatoires pour le législateur.

Suivant Gierke, la règle générale du droit intertemporal se compose de deux règles. L'une est prohibitive et s'adresse au législateur, elle dispose que la loi nouvelle doit ne pas rétroagir. L'autre est simplement interprétative ou indicative et s'adresse à tous, y compris le juge : la loi nouvelle ne rétroagit pas (2). Le savant auteur admet que la règle générale a sa source dans la coutume. Mais on peut alors demander quel est le fondement de cette coutume pour qu'elle ait force obligatoire pour le législateur. Serait-ce le fait que, dans l'État donné, le législateur n'a pas fait de lois rétroactives (3)?

Enfin on dit, en faveur de la positivité, que les lois rétroactives ne sont pas obligatoires pour les tribunaux des États tiers, qui ont le droit de ne pas les appliquer, et l'on prétend que telle est déjà la jurisprudence dans les pays civilisés (4). Gierke ajoute qu'un État peut prendre des mesures de coercition contre un autre État qui par ses lois viole un de ses droits acquis ou ceux de ses sujets, et que l'État fédéral a le droit et est même obligé de reconnaître nulles les lois rétroactives des États-membres et d'en écarter les conséquences par la force (5).

Les rapports entre l'État fédéral et les unités qui le composent sont réglés par la Constitution ou la législation générale et, pour l'Allemagne, Habicht a réfuté avec succès les affirmations de Gierke, en s'appuyant sur une disposition spéciale, l'art. 218 de la loi d'introduction (6). En absence de texte, il est impossible de reconnaître à l'État fédéral le droit de contrôler les dispositions intertemporales des États-membres, de même qu'il est impossible de reconnaître un tel droit à l'État indépendant sur le droit intertemporal d'un autre État indépendant, du moment

(1) Jellinek, *Allgemeine Staatslehre*, p. 348-349, 568, 434.

(2) Gierke, *Deutsches Privatrecht*, t. I, 1895, p. 187-189.

(3) Du reste, Gierke lui-même admet finalement que la règle de la non-rétroactivité des lois n'impose pas au législateur une limitation juridique formelle — ce qui signifie qu'elle n'a pas un caractère positif à l'égard du législateur — et cela par la raison qu'il n'y a pas dans l'État d'organe qui puisse punir et contrôler les actes du législateur souverain, *op. cit.*, p. 188.

(4) Affolter, *System*, p. 22, *Zeitschrift*, etc., p. 128-129.

(5) Gierke, *op. cit.*, p. 189, n. 18.

(6) Habicht, *op. cit.*, p. 8, n. 4, *in fine*.

que les règles établies par cet État sont générales pour tous les habitants et ne contredisent pas à un traité international. Quant à l'autre argument, il est exagéré. Les tribunaux sont tenus d'appliquer toutes les lois étrangères reconnues compétentes par les normes de conflit, lors du moins qu'elles ne sont pas contraires à l'ordre public local. Mais il est possible, précisément à cause de sa rétroactivité, que le juge considère la loi étrangère comme violant l'ordre public du pays, et refuse de l'appliquer. Il ne s'ensuit nullement cependant que le législateur ne peut pas faire des lois rétroactives. Est-ce qu'un État n'a pas le droit d'édicter des lois dont l'application en pays étrangers serait contraire à l'ordre public local ?

Si la règle générale du droit civil intertemporal n'est pas obligatoire pour le législateur, cela ne veut pas dire qu'il doit accorder à ses lois arbitrairement la rétroactivité. On peut dire d'une manière générale que le législateur peut et doit faire des lois rétroactives, lorsque cela est nécessaire pour la réalisation des buts de l'État, à condition, si l'équité l'exige, d'accorder une indemnité aux personnes qui souffriraient de la rétroactivité (1). Ce n'est qu'ainsi que peut être résolu le conflit entre l'État et les individus, puisqu'il est tenu compte à la fois du principe individuel et du principe collectif.

Le but juridique de l'État a tout d'abord ses exigences. Le droit doit être tel que le peuple puisse jouir d'une bonne et rapide justice. Il doit être de plus un seul et unique pour tout le pays. D'où souvent la nécessité de remplacer le droit coutumier par une législation écrite et de supprimer les lois et coutumes locales. La mission juridique et civilisatrice de l'État exige d'autre part que le droit soit constamment en accord avec le sentiment juridique du peuple ; c'est pour cette raison qu'ont eu lieu l'abolition du servage, des castes et des privilèges et la consécration dans la législation positive du principe de la liberté et d'égalité. Enfin, l'augmentation de la puissance de l'État et la défense des intérêts généraux ont souvent motivé l'établissement avec effet rétroactif de certains monopoles, servitudes et charges au profit de l'État, la concession de la nationalité indigène à des étrangers à raison de faits passés ou la privation des naturalisés de certains droits politiques, etc.

Il est évident que la nature des faits et rapports juridiques

(1) En ce sens, Gierke, *op. cit.*, t. I, p. 195.

joue un grand rôle en matière de rétroactivité. C'est ainsi que les actes révocables, comme les testaments, se prêtent plus facilement à la rétroactivité des lois nouvelles que les faits et actes non révocables, les situations plus facilement que les actes de volonté, les rapports révocables et les droits dont l'objet est déterminé *in genere* que les rapports irrévocables ou les droits ayant un objet spécifiquement déterminé, etc. (1).

L'exception à la règle de la non-rétroactivité peut être plus ou moins forte. Le plus souvent elle consiste dans la simple modification de certaines conséquences du fait passé. Mais elle peut aller jusqu'à la suppression du fait lui-même dans le passé et s'étendre sur les causes finies (2). La loi qui fait exception à la règle est toujours rétroactive ; sa rétroactivité peut être de différents degrés, il est vrai; mais l'important, c'est qu'une pareille loi atteint toujours un fait passé ou ses conséquences, quoique, peut-être, pour l'avenir et pour des raisons actuelles (3).

Comme il n'y a pas d'exception par présomption, on doit admettre que, pour qu'une loi puisse rétroagir, il faut que le législateur ait ainsi statué, sinon expressément, du moins clairement. En dehors de la volonté du législateur, il n'est pas permis de faire rétroagir la loi, même si c'est une loi d'ordre public (4),

(1) V. Affolter, *System*, etc., p. 167-168, 415-416, 420.

(2) Il y a quatre degrés de rétroactivité : 1° rétroactivité *ordinaire*, lorsque les conséquences juridiques des faits antérieurs tombent sous le coup de la loi nouvelle, si elles apparaissent après l'entrée en vigueur de cette loi, mais les conséquences déjà produites avant cette époque sont respectées; 2° rétroactivité *renforcée*, lorsque la nouvelle loi atteint les conséquences juridiques, nées par l'effet de la loi antérieure, et les modifie pour l'avenir; 3° rétroactivité *radicale*, lorsque la nouvelle loi s'applique aux conséquences juridiques antérieures comme si elle était déjà en vigueur lors de leur naissance; 4° rétroactivité *restituante* ou *rétablissante*, lorsque la loi nouvelle touche aux causes finies. Cp. Affolter, *System*, p. 56.

(3) Affolter critique ces termes et les remplace par les expressions « exclusion » et « loi exclusive ». Nous ne croyons pas cependant que ces nouvelles dénominations soient meilleures, puisque, comme le reconnaît l'auteur lui-même, l'exclusion n'est pas, elle aussi, absolue, mais présente des degrés divers. Or, peut-on dire, que la nouvelle loi « exclue » l'ancienne quand elle lui reconnaît tous les effets avec une certaine restriction?

(4) Partisans de la rétroactivité des lois d'ordre public sont les auteurs français et italiens, et la majorité des juristes allemands, parmi lesquels, récemment, Habicht, ouvrage déjà cité, p. 170, 242 et suiv. Contre la rétroactivité des lois d'ordre public, v. Grivaz, *La question des Eglises de Savoie*, dans la *Revue générale de droit international public*, t. IV, 1897,

ou si elle a pour objet l'existence ou le contenu des droits (1).

D'ailleurs une déclaration expresse n'est nullement nécessaire. Il suffit que l'intention du législateur ne soit pas douteuse, ce qui peut résulter du caractère ou de l'objet de la loi. C'est ce qui a lieu pour les lois interprétatives. Elles sont rétroactives grâce au lien si intime qu'établit le législateur entre elles et les anciennes dispositions, et qui permet de les considérer plutôt comme partie intégrante de ces dispositions que comme des lois nouvelles et indépendantes. Il en est de même des lois relatives à l'existence ou au contenu de certains droits subjectifs dont la multiplication dans l'avenir est impossible ou peu probable. Pour que ces lois ne restent pas lettre morte, il faut bien qu'elles s'appliquent aux droits existants; il est inadmissible que le législateur ait voulu faire des lois sans application possible. Cependant les situations actuelles doivent être respectées, et lorsque la loi restreint le volume du droit subjectif, la limitation n'aura d'effet que pour l'exercice du droit dans l'avenir (2). Nous admettons la même solution en ce qui concerne les lois relatives au contenu des droits absolus. Ces droits sont des centres de facultés (3) que le législateur n'énumère pas d'une manière limitative, ce qui serait d'ailleurs impossible. Leur définition met simplement en relief la permission générale de jouissance, avec restriction possible des lois prohibitives ou impératives (4). Il suit de là que le contenu de ces droits est régi par la loi actuelle; que, par conséquent, chaque nouvelle loi qui en élargit ou rétrécit le volume, s'applique aux droits absolus existants, mais pour l'avenir et en respectant les conséquences de leur exercice passé. Cependant, l'extinction d'un

p. 657, n. 5, 660-661; Zitelmann, dans *Jherings Iahrbücher für Dogmatik*, *loc. cit.*; Affolter, *System*, p. 58, 178 et suiv.; *Geschichte*, p. 68, 521 n. 1. Cpr. aussi Beudant, *Cours de Code civil*, t. I, 1897, nos 142 et suiv.

(1) Sont pour la rétroactivité en pareil cas: de Varcilles-Sommières, Savigny et ses partisans. V. contre Savigny : Windscheid, *Lehrbuch des Pandektenrechts*, t. I, 7e éd., 1891, p. 73, n. 6; Cosack, *Lehrbuch des deutschen bürgerlichen Rechts*, t. I, 3e éd., 1900, p. 49; Niedner, *Das Einführungsgesetz*, 2e éd., 1901, p. 327; Affolter, *System*, p. 58.

(2) Cp. Regelsberger, *Pandekten*, p. 190-191.

(3) Appelées habituellement elles-mêmes droits : *jus fruendi, jus utendi*, etc.

(4) V., par ex., la définition du droit de propriété : art. 544, C. civ. fr.; art. 436, C. civ. it.; § 903, B. G. B. all.; art. 29, L. bulgare sur les biens, etc

tel droit, alors du moins que, par sa nature, il n'est pas perpétuel, comme par exemple l'usufruit, dépend de la loi sous l'empire de laquelle il est né.

Enfin, les lois qui exigent un certain âge chez les personnes s'appliquent non seulement aux personnes futures, celles qui naissent après leur entrée en vigeur et acquièrent l'âge requis, mais même — pour l'avenir, bien entendu — aux personnes existantes qui ont déjà ou qui atteignent plus tard cet âge, — et cela qu'elles soient favorables ou défavorables, c'est-à-dire qu'elles accordent des avantages ou imposent des obligations ou restrictions. Si ces lois ne s'appliquaient qu'aux personnes futures, elles ne produiraient d'effet que longtemps après leur mise en vigueur. Or on ne peut pas attribuer au législateur l'intention d'avoir voulu faire des lois qui resteraient un certain temps sans application possible. — Il y a encore d'autres lois, surtout du domaine du droit public, qui, dans l'intention du législateur, doivent avoir effet rétroactif, comme celles concernant l'organisation des pouvoirs publics ou leur compétence, qui ont pour objet de constituer un régime dont la condition nécessaire est, suivant l'expression de Huc, l'unité et l'indivisibilité.

Voici quelques exemples pour l'éclaircissement de ces règles. La loi qui abolit la propriété immobilière s'appliquera aux droits existants ; autrement, elle n'aurait pas de sens. Cela est vrai aussi de la loi qui limite le droit de propriété immobilière, en instituant une servitude légale ou naturelle, par exemple celle de recevoir les eaux du fonds supérieur, de ne pas ouvrir des fenêtres trop près du voisin, de ne pas bâtir des constructions dépassant une certaine hauteur, etc. Cependant les situations existantes seront entièrement respectées : les maisons trop grandes ou les vues trop rapprochées ne seront pas démolies ou fermées. De même, la loi qui limite les droits de l'usufruitier s'appliquera aux rapports existants — l'usufruit étant un droit absolu — mais seulement pour l'avenir. Néanmoins, la suppression de l'usufruit n'exercera, en principe, aucune influence sur les droits existants; elle rendra seulement impossible pour l'avenir la création de nouveaux droits de ce genre. Enfin, la loi qui, modifiant le droit de suffrage, dispose qu'on peut voter à un âge moins avancé, profite aux personnes existantes sans distinction. Pareillement, la loi qui abrège la minorité rend majeures toutes les personnes mineures existantes qui ont l'âge requis ; les autres personnes existantes acquerront, elles aussi, la majorité conformément à cette loi. Autrement. ces lois ne pourront produire d'effet que lorsque les personnes futures, c'est-à-dire nées après leur entrée en vigueur, atteindront l'âge requis, ce qui serait certainement contraire à l'intention du législateur. Inversement, la loi qui prolonge la minorité, s'applique à toutes les personnes actuellement existantes qui n'ont pas l'âge voulu, même à celles qui étaient majeures d'après la loi ancienne. Il en est de même de la loi qui dispose qu'on peut voter seulement à un âge plus avancé. Il est bien entendu que, dans tous ces cas, les situations créées en vertu de la loi antérieure, les résultats des droits politiques exercés ou les actes déjà posés par les anciens mineurs ou majeurs, seront respectés.

La règle fondamentale du droit civil intertemporal crée pour le législateur la nécessité de manifester clairement sa volonté lorsqu'il veut en écarter l'application. En effet, le juge n'a pas le droit de donner à la loi effet rétroactif, s'il ne trouve pas pour cela dans l'intention du législateur un fondement suffisant, la règle de la non-rétroactivité des lois étant obligatoire pour lui et les exceptions ne se présumant pas. Par conséquent, chaque fois qu'il fait de nouvelles lois, le législateur doit s'occuper soigneusement des faits intertemporaux et, s'il trouve que la règle générale ne leur conviendra pas, les régler soit directement, soit indirectement, c'est-à-dire au moyen des lois concurrentes. Ses dispositions à cet égard auront le double avantage de faciliter la mission du juge et d'exclure les contestations possibles.

III

Place du droit civil transitoire.

Abordons maintenant notre dernière question : quelle est la place du droit civil intertemporal dans l'ensemble de la législation de l'État? Il est évident que si ce rameau fait partie de la branche droit civil, les dispositions qui le composent doivent être placées dans la codification civile ; mais où précisément?

Le législateur français a placé les normes du droit civil intertemporal, du moins la règle générale, au commencement du Code civil avec d'autres dispositions ayant un caractère général comme les règles sur la publication et l'application des lois. Le législateur italien a suivi cet exemple en ce qui concerne la règle générale qu'il a insérée dans les dispositions préliminaires du Code civil, mais il a ajouté à la fin du même Code des dispositions transitoires qui à elles seules forment 48 articles. Enfin, en Allemagne, le droit civil intertemporal a été mis, lors de la dernière codification, dans une loi spéciale, la loi d'introduction au Code civil, qui contient aussi d'autres dispositions.

Nous trouvons que la place du droit civil intertemporal est à la fin du Code civil. Logiquement ce droit suppose le droit ordinaire, et vient après lui dans l'œuvre législative. C'est que son contenu dépend évidemment du contenu, du but et des tendances de ce dernier. Si, par exemple, la nouvelle loi a un caractère d'ordre public, si elle répond à une nécessité pressante ou est destinée à mettre fin à une injustice sociale, le législateur a assez de motifs pour lui donner la rétroactivité; dans le cas contraire, il ne devrait lui accorder qu'un effet pour l'avenir.

Dans le même sens, il y a encore une considération pratique, au point de vue de l'application du droit par le juge.

L'application de la norme intertemporale vient toujours après la détermination du droit matériel. C'est que pour savoir si un fait est intertemporal ou non, il faut l'apprécier d'abord au point de vue de la loi actuelle, qu'on doit trouver en premier lieu; et c'est seulement lorsqu'il n'est pas rattaché exclusivement à cette loi, et a des rapports avec une loi antérieure, qu'il y a lieu de recourir aux normes de droit intertemporal.

Après le droit civil intertemporal, viendra le droit civil international, et, à la fin, le droit civil mixte. En effet, ce dernier suppose les deux premiers, et doit les suivre et non précéder; car le droit civil intertemporal international n'est que le droit international du droit civil intertemporal, et le droit civil international intertemporal que le droit intertemporal du droit civil international.

Un Code civil peut donc être divisé en deux parties. La première contiendra le droit civil ordinaire ou matériel, la seconde le droit civil spécial. Cette dernière pourra alors être subdivisée en droit civil intertemporal, droit civil international et droit civil mixte, c'est-à-dire droit civil intertemporal international et droit civil international intertemporal.

Quant à la règle fondamentale du droit civil intertemporal qui est vraie pour tous les droits intertemporaux, elle peut être placée dans une loi spéciale avec d'autres normes ayant un caractère général et rentrant dans la théorie du droit objectif, comme celles sur la confection des lois, sur leur entrée en vigueur et leur abrogation, sur l'interprétation des lois, etc.

BAR-LE-DUC. — IMPRIMERIE CONTANT-LAGUERRE.

IMPRIMERIE
CONTANT-LAGUERRE
LVX VITAM
BAR LE-DUC

www.ingramcontent.com/pod-product-compliance
Ingram Content Group UK Ltd.
Pitfield, Milton Keynes, MK11 3LW, UK
UKHW031959260826
14628UKWH00005B/2173

9 782329 094328